JN094349

「老い」の正解

世界の哲学者が悩んできた

The right answer about Old Age
that philosophers
keep on trying to figure out.

岡本裕一朗
Okamoto Yuichiro

ビジネス社

はじめに　超高齢化社会に不可欠となる「老いの哲学」

本書は、21世紀の現代において、「老い」をどう迎えたらいいのか、哲学的に考えるためのに書いたものです。

しかしながら、一口に「老い」といっても、そのあり方は時代によって大きく違っています。また、「老い」について哲学的に考えるとはどういうことか、必ずしも明らかではありません。

そのためにまず、私が現代という時代をどのようなものと理解しているのか、また哲学的に考えるとはどういうことか、あらかじめお話ししておくことにしましょう。

本書で「老い」について考えるとき、私が指針としているのは、フランスの哲学者**フーコー**（１９２６～１９８４）が１９８２年に発表した論文で語った文章です。彼は亡くなる２年前に、**カント**（１７２４～１８０４）の『**啓蒙とは何か**』（１７８４）について次のように書いています。

「啓蒙とは何か」という問いを発したとき、カントが言わんとしたのは、「たった今進行しつつあることは何なのか、われわれの身に何が起ころうとしているのか、この世界、この時代、われわれが生きているまさにこの瞬間は、いったい何であるのか」ということであった。（中略）われわれは何者なのか――歴史の特定の瞬間において。

ここでフーコーが、カントの名前を使いながら語っている問い、これを本書の基本に据えたいと思います。私が考えたいのは「老い」ですが、これは「私たちの身に今、何が起ころうとしているか」を考えることです。言いかえると、「老いの今」を考えることが必要なのです。

しかし、「老い」を考えるとき、どうして「今」が重要なのでしょうか。

哲学にとっての「今」とは？

哲学にとって「今」という時代が重要であるのは、単なる一般論ではなく、特別な理由にもとづいています。それは、現代（今）というこの時代が、歴史的に大きな転換点にあるからです。しかも、**この歴史的転換は、数十年単位の出来事ではなく、数世紀単位の転換にほかならない**のです。

この意味を理解していただくために、ルネサンス期の活版印刷術の例を挙げてみましょう。この印刷術は、15世紀中にヨーロッパ全土に広がり、ルターの宗教改革やヨーロッパの国民国家形成を促したことは、よく知られています。

この時期、いわゆる**「中世」から「近代」への歴史的転換が引き起こされた**のです。ひるがえって、まさに現在、活版印刷術に代わる新たなメディア＝デジタル情報通信技術が登場しています。

とすれば、「近代」から「新たな時代」への歴史的転換が、今まさに進行中である、と考えられるわけです。

そのため、現在進行中の出来事は、「近代」から「ポスト近代」への転換と表現することができます。今まさに「近代の終わり」を迎えていて、新たな世界が始まっていると言えるのです。

こうした「近代の転換」は、「老い」を迎える私たちをどこへ導くのでしょうか。言うまでもなく、これは他人事ではなく、私たちに直接降りかかってくる問題です。

フランスの歴史家で、1987年に**『老いの歴史』**を刊行した**ジョルジュ・ミノワ**（1946〜）は、次のように書いています。

現代において、老人に対して新たな関心が高まっている。（中略）老人がこれほど問題になったことはかつてなかったし、人々がこれほど老人に関心をいだいたこともなかった。

「老人」への関心が、どうして今日、高まっているのか。予想通りの答えかもしれませんが、ミノワはこう言っています。「今日の西洋社会において、高齢者の割合がこれほど高くなったことはかつてなかったからだ」と。そして、**今までは社会のなかで「マージナルな（辺境の）存在」だった老人が、「きわめて普通の市民」になりつつある**、と皮肉交じりに語っています。

実際、日本の場合を考えてみても、内閣府の発表によれば、2053（令和35）年には、わが国の人口は1億人を下回って9924万人に、2065（令和47）年になると8808万人になると予想されています。その反面、高齢化率は上昇し続け、2065（令和47）

年には38・4％に達し、国民の約2・6人に1人が65歳以上になると推計されています。
さらに、総人口に占める75歳以上の人口の割合は、同年25・5％となり、約4人に1人が75歳以上になるとされているのです。

「長寿化」は〝贈り物〟なのか、あるいは〝呪い〟なのか

たしかに、日本では「少子高齢化」社会の到来がかなり前から叫ばれ、老人の人口割合が増加しています。そのため、「白髪族の侵略」などとも揶揄（やゆ）されることもありますが、問題は人口が増えたことだけではありません。むしろ、ポイントは長寿化、つまり平均寿命が伸びたことにあります。

「人生100年時代」を提唱した**リンダ・グラットン**（1955〜）は、その共著書『**ライフ・シフト**』のなかで、次のように語っています。

私たちはいま途方もない変化のただなかにいるが、それに対して準備ができている人はほとんどいない。（中略）その大きな変化とは、長寿化の進行である。

かつての社会では、「人生50年」とか「人生70年」とか言われてきました。イメージ的には、近代以前の社会が「50年」、近代社会が「70年」というところでしょうか。社会のさまざまな制度も、この寿命に合わせてつくられています。たとえば、「人生70年時代」の近代社会では、定年退職の年齢が50～60歳に設定され、その後の「老後」もそれほど長くはなかったのです。これなら、経済的にも何とかできそうです。

ところが、ポスト近代になった現代においても、定年退職の年齢はあまり変わっていません。それなのに、寿命が伸びて「人生１００年時代」になるとどうなるのでしょうか。単純に、**仕事をしなくなっても、その後40年から50年も生きることになります。これこそが大問題**なのです。

差し迫ったことを言えば、収入はどうなるのかが、定年後すぐに不安になることでしょう。私の目から見ても、これほどの長い期間を年金だけでやりくりできるとは思えません。現役時代に貯蓄すると言っても、たかが知れています。

定年の年齢が60歳だとすると、働いた期間（だいたい40年）と同じだけ退職後も生きるのですから、それを賄えるとは思えません。また、公的年金にしても、老人の数が増えるだけでなく、支給期間がさらに長期化すれば、年金制度そのものが維持できるか、だれでも気になるはずです。

もちろん、収入の問題だけでなく、私たちの生き方全体に「老後」はかかわってきます。ところが、現在の社会状況を見ても、その対策どころか、準備すらもできていないようにしか思えません。

たとえば、グラットンは次のように語っていますが、私たちはどこまでこのことを自覚しているのでしょうか。

> 私たちの人生は、これまでになく長くなる。私たちは、人生のさまざまな決定の基準にしているロールモデル（生き方のお手本となる人物）より長い人生を送り、社会の習慣や制度が前提にしているより長く生きるようになるのだ。それにともなって、変わることは多い。変化はすでに始まっている。あなたは、その変化に向けて準備し、適切に対処しなくてはならない。

たしかに、グラットンが語るように、私たちは今までにないような時代の入り口にさしかかっています。「人生100年時代」という長寿化を迎え、このなかで生きていくことになるわけですが、そのとき経済的に「どうやって生き続けるか」さえ、わからないのです。しかも、その準備はまったくできていません。

とすれば、**「長寿化」は私たちにとって、はたして〝贈り物〟なのでしょうか、それとも〝呪い〟というべきでしょうか。**

21世紀を迎え、私たちの時代は「ポスト近代」の入り口にさしかかり、「人生100年時代」という長寿化社会が到来しつつあります。この事実を、私たちはいったいどの程度、本気で自覚しているのでしょうか。

「今、どう生きていくか」という切実な問題

個人的な話で恐縮ですが、私は1954年生まれなので、もうすぐ70代に突入します。わが国の社会保険制度にのっとれば、すでに前期高齢者(65〜74歳)の仲間入りをしていることになるわけです。

4年ほど前には、勤めていた大学も定年退職し、まさに「引退後の人生」を歩んでいま

す。そのため、「老い」の問題は他人事ではありません。**ソクラテス**（紀元前470頃〜紀元前399）は「どう生きるか」を哲学の根本的な問題としました。私たちは、これからあと何年生きていけるのかはわかりませんが、いずれにせよ「今、どう生きていくか」が、切実な問題となっているわけです。

おそらく、読者の皆さんも、私と同じ年代の方が多いかもしれません。あるいは、私よりも先輩の方々かもしれません。

しかし、**「老い」の問題は、当事者だけでなく、やがて「老い」を迎える人びとにこそ、差し迫った問題**だと思います。

長寿化の傾向はこの先ますます進むはずですから、現在の若い人びとこそが、「人生100年時代」のど真ん中になるのです。その点では、「老い」の問題は決して若い人にとっても他人事とは言えません。やがて自分にも到来する出来事なのですから、今から考えておいても悪くないのではないでしょうか。

他人事と見なすか、自分の問題と考えるかは、どちらでもかまいませんが、現代が時代の転換点にあることを、あらためて皆さんと共有したいと思います。

ここでもう一度、フーコーの問いを引用しておきます。

「たった今進行しつつあることは何なのか、われわれの身に何が起ころうとしているのか、この世界、この時代、われわれが生きているまさにこの瞬間は、いったい何であるのか」

岡本裕一朗

2023年10月

世界の哲学者が悩んできた「老い」の正解　もくじ

The right answer about Old Age that philosophers keep on trying to figure out.

第1章 「老人」VS「若者」という図式は本当に正しいのか？

第2章　老後生活はどのように「監視」され、「管理」されていくのか？

1. ボーヴォワールの「老い」と近代の終末

2. ポスト・パノプティコン時代に、「老い」はどう変化していくのか？

3. 閉鎖から開放へと向かう「介護」と「医療」の未来像

第3章 哲学者は自身の「老い」をどう考えてきたのか？

第4章 老人にとって、真の「幸福」とは何なのか？

第5章 先行き不安な時代に、私たちはどう「老いながら生きる」のか？

2. ポスト近代の理想となる「コンヴィヴィアル」な生き方

3. テクノロジーの進化は「老い」をどう変えるのか？

プロローグ

かつて、老人は「廃品」であった

main characters

Narita Yusuke

Beauvoir

Cicero

Lucian of Samosata

Juvenal

人間がその最後の15年ないし20年のあいだ、もはや一個の廃品でしかないという事実は、われわれの文明の挫折をはっきりと示している

——ボーヴォワール

高齢者は「切腹」すれば、それでいいのか？

今日における「老い」の問題を考えるために、まず手はじめに2023年2月に話題となった「老い」に関するニュースを取り上げることにしましょう。

そのニュースとは、経済学者で米イェール大学助教・成田悠輔（なりたゆうすけ）氏の**「高齢者は老害化する前に集団自決、集団切腹みたいなことをすればいい」**という発言が世間を騒がせたことです。

これは、ホリエモンこと堀江貴文（ほりえたかふみ）氏と対談したYouTube動画「【成田悠輔×堀江貴文】高齢者は老害化する前に集団切腹すればいい？　成田氏の衝撃発言の真意とは」（2022年2月1日）上の、各界の重要ポストを高齢者が占めている日本の現状に対する発言でした。

まず日本で炎上し、次いで米紙『ニューヨーク・タイムズ』が、約1年後に「このうえないほど過激」（2023年2月12日付）と報じたことで広く海外にも飛び火して、イギリス、ドイツなどでも耳目を集めることになってしまったのです。

当該発言を紹介したニューヨーク・タイムズのツイートは、2187万ビュー以上を記録したといいますから、まずはSNS上ならではの数の多さに驚きます。と同時に、この対談が行われた1年後に、なぜニューヨーク・タイムズが、まるでスクープ記事のように成田氏の発言を取り上げたのか、大いに疑問に思いました。

この成田氏の発言が議論を呼んだ要因は、ひと言でいうならば、説明不足にありそうです。ただ、これも成田氏の戦略だったのかもしれませんが。

成田氏は堀江氏との対談で「(高齢の偉い人々を)1ミリも尊敬していないかのような雰囲気をみんなが醸し出すようになると、やっぱり誰しも周りに必要とされていない感をガンガン出されるとつらいと思うんで、少し世代交代につながるんじゃないか」と述べていました。ただし、ここでは先の「集団自決、集団切腹みたいなこと」という発言の「みたいなこと」という言葉に注目すべきでしょう。

つまり、「みたいなこと」という言葉は〝○○的〟という意味合いで使われていますから、ご本人が説明しているように、いずれの言葉も「抽象的な比喩」として使用したにすぎません。それを、**前後の文脈を度外視して過激な言葉をことさら強調し、読者にアピールしようとするメディアの常套手段こそ非難されるべき**でしょう。

成田氏は退職後、年金が保証されて安穏としている年輩者と、年金がもらえなくなるのではないかという不安を抱える世代とを比較して、同じ将来不安ではあっても、両者の意識の大きな違いを指摘しようとして若者目線で語っていたように思います。

また、この対談のテーマは「少子高齢化問題」を検討することだったのでしょうが、高齢者の人口が増加し続けているうえに、老人は優遇されているのではないか、それに比べて若い世代は割を食っていて、子どもが産めないような状況にあるではないか、だから多数派の老人をなんとかしなければならないのではないか、という主旨で番組がつくられていたように思います。

SNS上には、「『集団自決』発言も知っているけど、これは『年寄りは死ね』って意味じゃなくて、70代、80代にもなって重要ポストにしがみつき、若者の成長の芽を摘むような社会に将来はない、世代交代が必要ってことでしょ」という意見がありました。私は、この意見と同様に成田氏の発言を肯定的に受け止めています。

とは言っても、「集団切腹みたいなもの」をしろと言われ、「自決」をすすめられても、具体的に何をするのか、よくわかりません。「老人はおとなしく引っ込んでいろ!」という気持ちは理解できますが、ただ社会の表舞台からお年寄りが退場すれば、問題が解決するとも思えないのです。

なぜなら、日本の〝超〟高齢化は待ったなしで、早急に対策を講じる必要があるからです。感情的な部分を抜きにして考えなくては、超高齢化社会がもたらす諸問題の解決の糸口は見つからないと思います。

成田氏の言葉尻を捉えて非難するのは簡単ですが、それでは何も解決しません。むしろ**問題なのは、「人生100年時代」を迎えるにあたり、私たちに何も準備がないこと**なのです。

老人は社会の「廃品」であり「屑」である

フランスの哲学者で、1970年に『老い』を発表してセンセーションを巻き起こした**シモーヌ・ド・ボーヴォワール**（1908〜1986）は、次のように語っています。やや長いのですが、「老い」の状況を見事に描いていますので、そのまま引用しておきます。

経済は利得を基盤とし、全文明は事実上これに従属している。人々が人的資源に関心があるのは、それが収益をもたらすかぎりにおいてなのである。その後は、ただ棄てるだけだ。「機械類がきわめて短期間に時代遅れとなるこの変動の世界においては、人間があまり長く仕事に従事してはならない。55歳を過ぎた者はすべて廃品とされるべきである」と最近ある学会の席上でケンブリッジの人類学者リーチ博士が言った。「廃品」という言葉が彼の言わんとするところをよく言い得ている。人びとは、定年退職は自由と閑暇の時であるとわれわれに語り、詩人たちは「港に到着した甘美さ」を讃えた。これらは恥知らずな虚言である。社会は大多数の老人にじつに惨めな生活水準を課すので、「老いて貧しい」という表現はほとんど冗語法と言えるほどである。逆に、貧窮者の大部分は老人である。閑暇は定年退職者に新しい可能性を開いてはくれない。彼がようやく強制から解放されたとき、人びとは彼がその自由を活用する手段をとりあげるのである。彼は孤独と倦怠のなかで無為に生きるべく運命づけられる、たんなる屑として。人間がその最後の15年ないし20年のあいだ、もはや一個の廃品でしかないという事実は、われわれの文明の挫折をはっきりと示している。

ここで注目したいのは、老人が「廃品」や「屑」と呼ばれていることではありません。

それについては正直、驚きはないのですが、むしろ私が**ビックリしたのは、ボーヴォワールが「廃品」となる期間を「15年ないし20年」と書いていること**です。今日の「人生100年時代」では、その2倍ないし3倍にまで、老後は延長されています。そう考えると、〝不安〟どころか〝絶望〟のほうが先立つように思えてなりません。

権力を握った高齢者こそが問題

もちろん、世の中には例外もありますので、成田氏の想定するような「権力をもち、老害化する」老人も一部にはいます。そういう人たちがメディアで目立つので、彼ら、彼女らに「切腹みたいなもの」を迫る気持ちも、前述のようにわからないわけではありません。

しかし、**世の中で圧倒的に多数を占めている老人というのは、社会から「廃品」とされ、「孤独と倦怠のなかで無為に生きる」人たち**です。しかも、ボーヴォワールが想定した以上に、現在「廃品」期間が延びています。

そこでまず、「老人」と一口で語っても、その実情は一律ではないことを確認することにしましょう。というのも、さきほど取り上げた成田氏の「老人の集団自決」発言において、あまり明確になっていなかった区別があるからです。

あらためて考えてみると、そのとき直接批判されていた際は、「各界で重要なポストを占めている高齢者」だったのですが、むしろ社会的に炎上した際は、「『廃品』となった貧困老人」が主に想定されたように見えます。このギャップが、あまり注意されないまま、「不遇な若者VS裕福な老人」の対立図式が語られ始めました。

しかし、こうした図式は、事態を混乱させるだけでなく、不毛な対立を生み出すだけです。そのため、「老人」といったとき何を想定するか、あらためて確認しておく必要があります。

まず指摘しておきたいのは、一口に「老人」といっても、社会的な活動からまだ引退しておらず、むしろ権力を握って現実を動かしている人たちがいるということです。たとえば、政治家やさまざまな組織のトップに立つ人たちが、それに当たります。学問の世界で言えば、学会や学閥などの長老たちです。今は少なくなりましたが、ひと昔前は、こうした権力をもった長老が、それぞれの組織を動かしていました。

若くて有能な人からすると、時代が変わって新しいことが次々と求められるのに、頭が固く古い発想の権力者たちは、「老害」にしか見えないでしょう。この点で、権力にしがみつく長老に引導を渡すのは、むしろ必要だったと思います。

しかし、このとき注意したいのは、問題なのは「老人」かどうかではなく、「組織内で権力をもった老人」か、それとも「仕事から引退し権力とは無縁の老人」か、この違いこそが重要だということです。

おそらく成田氏が批判したかったのは「権力をもった老人」だったはずですが、マスコミ報道などにより、いつのまにか「若者VS老人」の図式に押し込められ、権力批判の論点が見えなくなってしまいました。それに代わって、仕事を引退した老人（「廃品」）が増加して、社会にとってお荷物のようになってしまった（「老人叩き」）と理解されたのです。

キケロの老年論は「老害」そのものだった!?

実を言えば、「組織内で権力をもった老人」の存在というのは、今の時代特有のものではありません。老境を讃えた文章として歴史的にも有名な、ローマ時代の**キケロ**（紀元前106～紀元前43）の『**老年について**』は、見方によっては「権力にしがみつく老人政治家の正当化」と見ることもできます。ボーヴォワールは前述の『老い』において、次のように語っています。

ローマの世界制覇は結局において政治的社会的解体をもたらすのだ。この動揺の時期がつづくあいだ、元老院は少しずつ権力を失い、それは軍人たち、すなわち若年の男たちの手に移っていく。（中略）元老院は政治的そして行政上の機能を奪われる。（中略）このような展望の下にキケロの『老年について』を読まなければならない。六十三歳の元老院議員である彼は、久しい以前からぐらついていた元老院の権威がふたたび強化されるべきであることを証明するために、老年の擁護を構想したのだ。

こうした観点からキケロの名文を読むと、その印象もずいぶん変わってくるかもしれません。**キケロの文章は、「人間として、老境を称えた」ものというよりも、むしろ老人政治家がいかにして権力を手放さないかの理由について強く主張したもの**です。そのため、当時の若手の政治家から見れば、「老害」に映ったはずですし、「早く消えてしまえ！」と願われていたのではないでしょうか。

では、こうした特権的な老人ではなく、一般の老人はどうなのでしょうか。キケロとあまり変わらない時代の老人について、見ておきましょう。諷刺詩人の**ユヴェナリス**（60？〜128？）が描写したもので、「老人」のイメージを長く支配してきました。読んでいくと身につまされますが、それでも一度は見ておいたほうがいいと思います。

どのような不倖のかずかずに――そしてなんという不倖だろう――長い老いに従わねばならないことか！　まずはじめには、顔の形が変わり、いとわしく、見分けがつかなくなる。皮膚のかわりに汚ない皮となり、頬は垂れ下がり、皺といえば、タバルカの暗い森で年老いた母猿が口のまわりでかきむしるやつにそっくり。（中略）老人どもはみな同じだ。声はふるえ、手足も同様。つるつるの頭蓋には髪の毛はない。赤ん坊と同じように鼻水を垂らしている。パンを噛むのに、老人は哀れにも歯のない歯ぐきしかもちあわせない。彼は女房や子供たちや自分自身にもあまり厄介をかけるので、（中略）口蓋はもう感覚がなくなって、むかしのように酒や料理を味わえない。色ごとについてはどうかというと、もうずっとむかしに忘れてしまった。（中略）老人どもが集まると、ひとりは肩が、もうひとりは腰が、他のひとりは腿が痛むと嘆く。ひとりはすっかり盲目になってめっかちを羨むというしまつ。（中略）老人にはもう分別なぞありはしない。長い生涯の報いとは、次々と大切なものを失う淋しさ、うちつづく喪、そして果てしない悲しみにとりまかれた黒い喪服の老い、それだ。

もうひとつダメ押しとして、ユヴェナリスの一世代後の**ルキアノス**（120?〜180?）の描写を取り上げておきます。彼は老人について、「若い者の嘲笑の対象」であると明言しています。

老いさらばえた老人とは、歯は三つしかなく、かろうじて生きのび、歩くには四人の奴隷にすがり、鼻水をたえず垂らし、眼は目やにでいっぱい、あらゆる快楽に無感覚で、生きた墓さながら、若者の物笑いの種。

もちろん、現在の（先進諸国の）老人たちは健康状態もよく、環境も整備されていますので、ユヴェナリスやルキアノスが描くような姿を見ることは少なくなりました。しかしながら、それも経済状況や生活状態によって左右されるのが現実なのです。

私たちは長老、資産家老人、再生老人、廃品老人のどれか？

このように見てくると、「老人」といっても、キケロのように権力を握って「まだまだ若い者には負けんぞ！」と息巻いている「パワー老人」と、ユヴェナリスやルキアノスが描くような「老いぼれ」とを同列に考えることができないことがわかるはずです。

そこで、私としては、「老人問題」が論じられるとき、あまり注意されてこなかった「老人の分類」を提唱したいと思います。「老人の分類」と言うと、何となく差別されたようで、好ましくないと思う人もいるでしょう。しかし、**現実としては、権力をもち、各界の重要ポストを占めている「パワー老人」と、支給される年金以外には生活の糧がなく、「老後破産」を強いられる「老人」では、まったく違っています。**

この現実を直視しないで、お花畑のような「哲学的老人論」を話しても、それこそ嘲笑されるだけではないでしょうか。

それでは、どんな分類が可能なのでしょうか。

あらかじめお断りしておくと、ここで提案するのは、専門的な観点というよりも、あくまでも老人としての当事者の観点から考えたものです。ですから、足りないものがあれば、あとからまた考えることにします。

分類するための座標として、一方で「権力のアリ、ナシ」、他方で「仕事のアリ、ナシ」という軸にしたがって、考えたいと思います。

通常、「老人」というのは、定年退職によって仕事から離れ、それにともなって役職や立場による権力からも遠ざかります。そのため、定年退職をお葬式のように感じる人もいるようです。

そこで、実際に分類してみると、下のような表にまとめられます。各部分に入っている名称は、私の命名です。

少々言葉が強く感じられるかもしれません

老人の新たな4分類

	仕事アリ	仕事ナシ
権力アリ	長老（パワー老人）	資産家老人（プレミアム老人）
権力ナシ	再生老人（リサイクル老人）	廃品老人（スクラップ老人）

が、ボーヴォワールが引用した「廃品」を参考にしています。**仕事をしなくなった老人が「廃品」**（スクラップ老人）であれば、**定年退職しても働いている老人は、「リサイクルされた老人」**つまり**「再生品」**（リサイクル老人）と表現してもよさそうです。

他方で**「権力アリ」のほうは、仕事にしがみついている場合には、キケロのような「長老」**（パワー老人）**と呼べますし、経済力もあって働かなくても暮らしていける老人は、悠々自適の「資産家老人」**（プレミアム老人）と言えます。

言うまでもありませんが、長老や資産家老人は目立ちますので、何かと話題になりますが、社会的には少数者ですので、「老人論」としては考察の対象にはなりません。むしろ、社会的には多数派である権力ナシの「再生老人」や「廃品老人」、この人びとの生き方こそが問われなくてはならないのです。

「ネットの民」を先取りしていたルキアノス

今まで「老い」を考えるとき、たいていは「若者VS老人」という対立だけで考えられてきました。しかし、前述の成田氏の「老人切腹のすすめ」を聞いて、むしろ「老人の分類」が必要だと私には思われたのです。「老人」の違いを無視すれば、無用な誤解が生まれることになります。

たとえば、ユヴェナリスやルキアノスが嘲笑した老人たちは、権力をもった長老たちではありません。むしろ、「老いぼれ」と言っていいような「廃品老人」です。彼らは権力者が老人であったとしても、それを批判することはありません。むしろ、**権力の外に棄てられたような人々を嘲笑するのが彼らのやり方だった**のです。

現代ドイツの哲学者**スローターダイク**（1947〜）は、1983年に出版した『**シニカル理性批判**』のなかで、ルキアノスの立場を次のように表現しています。文脈は違いますが、彼の立場がよくわかる一文です。

> ルキアノスは（中略）、権力者や教養人の権力を批判する人間たちを、名誉欲に取り憑かれた狂人だと誹謗する、シニカルなイデオローグとして語っている。彼の批判主義は、実存的な批判者たちを嘲弄しようとする権力者のイロニーを当て込む御都合主義となっている。

批判や嘲笑には、ふたつのタイプがあります。ひとつは、権力者に向かい、それを批判するタイプ。もうひとつは、権力者にではなく、権力者を批判する人に向かい、その人々を嘲笑するタイプです。

この態度は、現代でもネット社会に多く見られます。こうした、**権力者を叩かず、権力批判をした人を叩くという態度は、権力者におもねる態度です。ですから、そういうことをする人びとは、権力者にとってはとても都合のいい人たち**と言えます。

老人を嘲笑したり、批判したりすることが何を意味するのか。その尻馬に乗る前に、あらためて考えてみる必要がありそうです。

第1章

「老人」VS「若者」という図式は本当に正しいのか？

main characters

Kierkegaard
Mannheim
Deleuze
Gratton

老人たちの口からしばしば聞かれる「わしらはこうだった」ということばは、まったく、青年のいだく未来の幻想と同じように大きい幻想なのである ―― キルケゴール

1.「若者」と「老人」では根本的に何が違うのか？

「老人の分類」をしてみると、古来の「老人VS若者」という図式が、あまり有効ではないことがわかりました。下手をすると、ローマ時代のルキアノスのように、老人を嘲笑することで権力者におもねることにもなります。その結果、社会は何も変わらず、現在の状況をいっそう固定化することになりかねません。そのような態度では、到来しつつある「人生100年時代」に対処することは望むべくもないでしょう。

その一方で、「若者」と「老人」の対比が消えてなくなるわけではありません。そこで、「時間」という観点から、「若者」と「老人」の生き方の違いを、あらかじめ押さえておきましょう。

キルケゴールによる若者と老人の違い

最初に、デンマークの哲学者**セーレン・キルケゴール**（1813〜1855）が書いた『**死にいたる病**』（1849）を取り上げておきましょう。生没年を見てもわかるように、彼にとって「老い」は必ずしも身近ではなかったようです。しかしながら、そのぶん逆に「老人」に対する洞察は鋭かったといえるでしょう。

キルケゴールは、「若者」が「幻想に苦しめられる」のに対して、「老人」には「幻想がない」という流布されていた意見に対して、次のような形で批判しています。

青年は幻想をいだいている、彼は人生や自分自身について異常な希望をもっている。ところが老人では、自分の青春時代を追憶するという仕方の幻想がしばしば見いだされる。自分ではいまやあらゆる幻想を放棄してしまったつもりでいる老女が、自分の少女時代を追想して、少女のころ自分がどんなに幸福だったか、どんなに美しかったかなどと、まるで少女のように幻想にとらわれて空想にふけるのが、しばしば見られるのである。老人たちの口からしばしば聞かれる「わしらはこうだった」ということばは、まったく、青年のいだく未来の幻想と同じように大きい幻想なのである。老人も青年も、彼らはどちらも、嘘を言っている。あるいは詩作しているのである。

老人になるとしばしば、「自分たちの若かったときはこうだった」といって、若い世代に説教することがあります。

「若者」は、この言葉を聞くと「老害」と判定するでしょうが、キルケゴールはそれが「老人の幻想」であると語っているのです。

ここで面白いのは、キルケゴールが「老人」の幻想を指摘していることだけではありません。彼は、**時間の観点から「若者の幻想=希望の幻想」と「老人の幻想=追憶の幻想」を区別している**のです。さらに同書でキルケゴールは、「青年は希望の幻想をもち、老人は追憶の幻想をもっている」と言っています。つまり、若者、老人いずれも、「幻想」から解放されるわけではありません。

「未来志向」型の若者と「過去志向」型の老人

時間というものは、過去―現在―未来からなっているのは、だれでもよく知っています。ただ、そのなかで何を重視するかで、考え方が変わってくるのです。キルケゴールは、それを世代によって区別しました。

まず、若者にとっての時間を考えると、人生が始まったばかりで、今後多くの時間が残されています。そのなかで、自分の希望や目標を実現したいと考えるでしょう。逆に、過去については、まだ経験も少なく、とりたてて追憶することもないでしょう。

過去では、親から強制されたり、教師や周囲から干渉されたりしてきたので、子ども時代は「パターナリズム」（強者が弱者に対し、よかれと思って干渉すること。家父長主義）が普通です。そのため、若者になると、自分の人生を自分で決定できると思い、過去に行われたような自分への干渉を、嫌っているものです。**「ほっといてくれ！」というのが、基本的な若者の態度**です。

そのため、若いときには、自分のことは自分で決めるのが原則になるので、未来に対してさまざまな希望をもつでしょう。若者にとっては、未来には無限の可能性が広がっていて、そのなかのどの選択肢も実現できるように思えるかもしれません。

ところが、すでに現実を見てきた大人には、そうした可能性など、ほとんどないのがわかっています。ごく一部の天才的な人と、ラッキーな環境の下で実現できる人がいくらかいる程度でしょう。そのため、いろいろと若者に干渉して、現実の難しさを諭したりしますが、これが若者にとってはウザいと感じられるのです。

さらに、老人には残された時間が少ないので、未来に無限の可能性が広がるなどとは思いません。**人生の先にあるのは「死」というあらゆる可能性の否定**ですから、未来を考えることはしたくなくなります。むしろ、過去において経験したことのうちで、楽しかったと思えることを追憶することしか残されていないのです。

このとき注意すべきは、追憶された過去が事実そのままとは限らないことです。話が盛られて、次第に膨らんでいきます。たまたまうまくいったことが、自分の手柄のように見なされ、「あのときはよかった」となるわけです。

したがって、老人の話はあまり真に受けないほうがいい、ということもあります。**老人が昔の話をするときは、願望と事実が入り混じっていて、必ずしも真実とはいいがたいの**

です。それをキルケゴールは、「追憶の幻想」と呼んだわけです。

進歩主義、伝統主義、保守主義の違いと世代間対立

若者と老人の違いは、政治的な立場にも及んでいる、と考えられています。若者の場合は一般的に、未来志向型なので、未来を自分たちの考えにしたがって変えていこうとするでしょう。

それに対して、老人の場合は、「昔がよかった」というように考え、新たな変化を嫌う傾向にある、と見られます。

ハンガリー生まれの社会学者**マンハイム**（1893〜1947）は、1927年に発表した『**保守主義的思考**』のなかで、「保守主義」と「伝統主義」を区別しました。

それによると、**老人の基本的な傾向は「伝統主義」と呼べそうです。これはつまり、人間の普遍的な本性として埋め込まれているもので、「過去に愛着する態度」**と言えます。

老人になると、残された未来がほとんどなくなりますので、この愛着がますます大きくなるというわけです。

それに対して、**若者の場合には「進歩主義」の傾向を示す**でしょう。**進歩主義というのは、その時々の現在を未来への発端として理解し、未来へのユートピアから捉えるという態度**です。若者には、老人とは違って未来しかないのですから、未来を自分たちの手でどうつくり変えていくか、という進歩主義の立場に一般的に立つわけです。

マンハイム自身は、若者と老人という対比で語っているわけではありませんが、私としては彼の政治思想の議論を、世代論として読みかえることができると考えています。

ちなみに、「保守主義」というのは、どう理解したらいいのでしょうか。

これは伝統主義と誤解されることが多いのですが、マンハイムによると、「伝統主義」が「普遍的な人間本性」であるのに対して、「保守主義」は「ひとつの特殊な歴史的・近代的現象」とされます。

つまり、「保守主義」は、近代になって、歴史が動的に変化して、新たなものがつぎつぎと生み出される状況で唱えられたものです。

したがって、**若者であれ、老人であれ、「保守主義」を選択することは可能**です。このあたりは誤解されやすいので、注意したいものです。

「国葬反対デモは高齢者ばかり」

これまで、一般的な傾向として、「若者＝未来志向型VS老人＝過去志向型」という対比を見てきましたが、実を言えば、この図式はすでに古くなってしまったのではないでしょうか。

たしかに、ひと昔（およそ60年前の1960年代）であれば、未来志向型の若者が、現実の政治体制に反逆して、さまざまな異議を申し立てるのに対して、過去志向型の老人たちがそれを批判し、「昔がよかった」といった発言をしたかもしれません。ところが今日では、もはやこうした世代対立はなくなっています。

当時の政府は、若者を敵視して政治から遠ざけようとしていましたし、若者のほうは時の政権を批判するのが常道だったように見えます。しかし、いわゆる「学生反乱」が終息した1970年代以降になると、反体制的な若者はしだいに少なくなっていきました。

社会を変革しようといった「大きな物語」は廃(すた)**れ、現実に迎合することが若者のスタイルになっていった**のです。そのため今日では、政府は若者からの支持を当てにするようになっています。

それに対して、**老人のほうはむしろ、現実批判的になっている**ように見えます。その一例として、2022年に開催された安倍元首相の「国葬」について、興味深い記事を例示しておきましょう。

あらためて述べるまでもありませんが、2022年7月に元首相の暗殺事件があり、政府は国葬を決めました。その国葬当日に国会前で反対デモが行われたのです。これに対して、外国人記者から「国葬反対デモは高齢者ばかり」と疑問が出され、それに対して、デモの主催者代表が次のように語っています。（弁護士ドットコムニュース　https://www.bengo4.com/c_18/n_14995/）

「私たち世代は過去の経験から政治が変わると信じているが、今の若い人たちは変わらないことを見てきた。変わることを恐れている。もっと若者と接触して話し合うべき。努力が足りなかった、これは私たちの責任です」

この発言は、時代の変化をよく示しているのではないでしょうか。実際、政府の方針に対する街頭反対デモを見ると、たいがい「高齢者ばかり」という風景です。とすれば、**「若者＝未来志向型」、「老人＝過去志向型」という従来の発想そのものが、すでに妥当性を失っている**のかもしれません。そこで、若者と老人の別の形の関係を見ておくことにしましょう。

2. 若者の敵は本当に老人なのか？

前項で見てきたように、最近では以前の特質、すなわち「若者＝未来志向的で理想的」、「老人＝過去志向的で現実的」が当てはまらなくなっています。そこで今度は、若者と老人が対立しない形で行動する事例を見ておきましょう。それは、これからの社会を考えるヒントになるかもしれません。

なぜ、フランスの若者は年金デモに参加したのか？

ニュース報道によると、２０２３年1月はじめに、フランスで年金支給開始年齢を引き上げる制度改革法案が発表された直後から、大規模な抗議行動が展開されました。とくに、

1月31日の抗議行動では127万人が、3月7日の抗議行動では128万人が参加したと言われています。もっとも、こうした抗議行動にもかかわらず、年金制度改革法案は3月20日に国会で可決されました。

これによって、フランスでは年金支給開始年齢が62歳から64歳に引き上げられ、満額支給に必要な保険料拠出期間は41年から43年へと延長されることになります。とはいえ、ヨーロッパの他の国々と比べれば、フランスの支給開始年齢は高いほうではありません。諸外国における支給開始年齢の表を見てみましょう。

これを見てわかるのは、**いずれの国も少子高齢化にともなって、年金の支給開始年齢が高くなっている**ことです。フランスの場合、1982年に社会党のミッテラン政権が、年金支給年齢を60歳にしたのですが、サルコジ大統領のときの2010年に、62歳へと引き

主なEU諸国の年金受給開始年齢

年齢	国名
67歳	ドイツ、イタリア
66歳	オランダ、ポルトガル
65歳	スペイン、ベルギー
64歳	エストニア、ラトビア
63歳	チェコ
62歳	**フランス**、スロバキア

※EUのデータベース「MISSOC」による。受給開始年齢の月数は省略。2022年7月現在、引き上げ中を含む
中日新聞Web https://www.chunichi.co.jp/article/667114より作成

上げる改革が行われています。そのときも、大規模な抗議活動が展開されましたが、２０２２年になって、さらに年齢が64歳になったわけです。

こうした年金改革に対して、その都度フランスで抗議活動が起こっているわけですが、そのとき注目すべきは、大学生や高校生といった若い世代も、デモなどに参加していることです。たとえば、Ｙａｈｏｏ！ニュースでは、次のように伝えています。（https://news.yahoo.co.jp/expert/articles/89625cd92ed172252a8547884lc3fbe571b5148a）

この改革には国民の約３分の2が反対しており、なかでも高校生や大学生が多いことが特徴だ。ここ10年で、環境問題やジェンダーに関する教育を受けた子どもたちが、政治に敏感な若者に育ったのだろうか？

もうひとつ、東京新聞からも引用しておきましょう。（https://www.tokyo-np.co.jp/article/242098）

３月下旬のパリ。受給開始を62歳から64歳に引き上げる政府の年金制度改革に反対する10回目の大規模デモには、若い世代の姿も目立った。「強行策を連発する政権に自分の将来は託せない」。ソルボンヌ大1年のギャランスさん（19）はこう言い残し、掛け声を連呼する隊列に戻っていった。「マクロンよ、出て行け」

報道だけでなく、デモに参加した人たちが動画などをネット上にアップしているので、若者たちが年金改革に対する抗議活動を展開しているのは、日本でもよく知られています。彼らの動機や目的はさまざまかもしれません。たとえば、年金改革そのものよりも、マクロン大統領の政治手法への批判が多かったのも事実です。しかし、それでも彼らが、年金改革を他人事としてではなく、自分の問題として捉えていることに注目したいと思います。

つまり、**フランスの若者たちは「自分にとって年金支給はどうなるのか」を考え、そこから自分の老後をどう生きていくのかについて考えている**のです。

とはいえ、年金制度そのものは複雑ですので、簡単に解決できる問題ではありません。とくに、少子高齢化がどの国も進行しているわけですから、この制度自体の維持可能性を考えると、支給年齢の引き上げは先進国の場合、歴史的な傾向となっています。

たとえば、「フランスにおける年金改革と高齢者所得保障」（岡伸一『海外社会保障研究』

Winter2012 No.181）によれば、２０１５年から２０６０年までの人口推計について、「年齢別の人口内訳では、20歳未満、20〜59歳層が比率を下げ、60〜74歳、75歳以上層が比率を増やし」「後期高齢者層は２０１５年の９・３％から２０６０年には16・２％が見込まれている」といいます。

この状況は、フランスだけが特別なわけではなく、先進諸国はどこも似たり寄ったりだと思われます。日本の場合は、もっと急激かもしれません。そのとき、年金制度がどうなるのかは大きな問題です。単に支給年齢の引き上げだけで済むのか、疑問は残るでしょう。

今のところ、年金問題については、支給年齢の引き上げが焦眉の急になっていますが、少子高齢化がいっそう進んだとき、はたして年金制度自体が維持できるのか、不安になってくるのではないでしょうか。

リタイア後にすることがない人生に意味はあるのか？

フランスで年金制度改革に抗議活動が広がった背景には、早く退職して「第二の人生」を楽しむといった、いわゆる「リタイア大国」と呼ばれる考えがある、と言われます。たとえば、デモに参加する人物として、次のような人物が紹介されています。（東京新聞TOKYOWeb https://www.tokyo-np.co.jp/article/241916）

担任クラスの授業を休みにした小学校教諭ジョアンさん（44）は参加理由を「父のようになりたくないから」と打ち明けた。元建設会社員の父（62）は昨年に定年退職した後、体調を崩し生気を失った。「教職は好きだが、児童と真剣に向き合う日々を60代半ばまで続けたら、父のように何もできなくなる」。老後は趣味の絵画を楽しむつもりだ。

ただ、この記事を読んだとき、**ジョアンさんのお父さんが「生気を失った」のは、定年退職して、仕事をしなくなった（リタイア）したから**ではないか、とも思えます。というのも、お父さんにとって、建設会社で働くのは、仕事として毎日することがあって、生活のリズムがあった、と見えるからです。

ところが、退職して「今日は何をするか」がなくなり、ただ茫然と生きているだけになったのではないでしょうか。これは事情を知らない私の推測ですから、間違っているかもしれませんが、「今日することがあるかないか」は、「生気」の源だと考えています。

その場合には、もしかしたら、お父さんはもっと働いていたら、より元気だったかもしれません。ジョアンさんは、現在の仕事とは別に「絵画を楽しみたい」という気持ちがあるので、リタイアしても「すること」はたくさんあるでしょう。

しかし、仕事人間だった人には、仕事がなくなるのは「生気」が消えることを意味するのではないでしょうか。

とすれば、**早期退職というのが、一律に望ましいということにはなりません。「リタイア」して楽しむには、「今日何をするか」がなくてはならない**でしょう。そこで、あらためて老人になってから、どう生きていくのか考えてみましょう。

3．老後の仕事とお金という大問題

あらかじめ注意しておくと、「人生100年時代」が、現代の「老い」を考えるときの条件であることです。この条件の下で、どのような「老い」の生活ができるか、想像してみましょう。すぐに疑問に思うのは、前項で見たように「人生100年時代」に、はたして年金制度は持続可能なのか、という点です。

老後の生活をどうやって維持するか？

この問いにどう答えるかによって、それ以後の考えが大きく変わってきます。現在の水準で見ても、「年金だけではやっていけない」と、ほとんどの人が口をそろえて語っています。とすれば、年金プラスαが必要になりますが、これは貯蓄があったり、あるいは新たに仕事を見つけたりしなければ生まれないかもしれません。

それについては、人それぞれ状況が違っていますので、一律に語ることができませんが、定年を60歳で計算すると、老後の資金はかなり必要になるはずです。まだご記憶の方も多いと思いますが、２０１９年に金融庁が公表した報告書（「高齢社会における資産形成・管理」）によれば、「老後30年間で約２０００万円が不足する」とされ、世間で大きな話題となりました。この試算の前提としては、定年退職後の平均余命が20〜30年とされています。

それに対し人びとの反応は、「そんな余裕などないんだけど」という感じでした。ところが、「人生１００年時代」では、それ以上の資金が必要になります。とすれば、「老後に２０００万円」という数字そのものが、実は現実的ではありません。

さらに注目すべきは、**「２０００万円」という数字は、定年後無職で年金だけで暮らす場合、毎月５・５万円不足するという計算にもとづいて、試算されている**ということです。しかし、まったく働かないのに毎月の不足額が５万５０００円しかないというのは、とても非現実的に思えてなりません。いったい、年金がいくら支給されるというのでしょうか。

以上のことから考えると、「人生１００年時代」になったとき、老後資金として２００

0万円どころか、その何倍も想定する必要がありそうです。しかし、「2000万円」で世間がざわついたほどですから、実際に必要な金額を公表することは憚(はばか)られたのではないでしょうか。

そうだとすれば、**定年後無職の老人は、文字通り「廃品」として社会的に捨てられてしまう**のでしょうか。NHKスペシャルの取材班が出版した『老後破産』という本を読むと、決して他人ごととは思えない記述があります。

ひとり暮らしの高齢者が600万人に迫る中、年収が生活保護の水準を下回る人はおよそ半数、このうち生活保護を受けている人は70万人。残る人たちのなかには預貯金など十分な蓄えがある人もいるが、それをのぞくと、ざっと200万人余のひとり暮らしの高齢者は生活保護を受けずに年金だけでギリギリの生活をつづけている。彼らが病気になったり介護が必要になったりすると、とたんに生活は破たんしてしまう――。

ちなみに、この本が出版されたのは2015年ですので、本書執筆現在(2023年9月)

から8年ほど前になります。ここに描かれている状況が改善したとは思えませんので、老人にとってはますます厳しい現実が待ち受けているのではないでしょうか。

定年後に「リサイクル品」となる老人たち

問題は、老後に十分な預貯金があるかどうかだけではありません。もちろん、世の中には「老後破産」とは無縁の「資産家老人」もいます。しかし、根本的な問題は、60歳前後で定年退職を迎え、それ以後は仕事の機会がなくなることでしょう。先に紹介した金融庁の報告書もそれを前提していました。

そのうえ、老人たちは「廃品」のように扱われ、かつかつの生活を営むほどの年金しかもらえないどころか、むしろ不足するとさえ試算されているのです。

ですから、定年制度も含め、働き方そのものを、根本から構想しなおす時期にきていると言えるでしょう。「はじめに」で紹介したグラットンが『ライフシフト』を出版したのは、「人生100年時代」を迎え、人びとが「70代、さらには80代まで働く」ことができるような社会を提唱することにありました。

もちろん、こうした社会を具体的にどう形成するかは重要な課題です。しかし、今のところ、「人生100年時代に応じた社会編成の必要性」ということそのものが、あまり自覚されていないように見えます。

そのため、「いつまで生きていられるのか」という不安が消えません。「カネの切れ目」が縁どころか「命の切れ目」のような感覚を抱きながら、生きていくことになります。何と恐ろしい社会でしょうか。

定年退職後も働くというと、「リサイクル品」のように取り扱われます。その理由は、いったん退職によって「廃品」化されて、その後で再び使われるようになるからです。しかし、そもそも能力もまだある人を、年齢というだけで「廃品化」する必要があるのでしょうか。

働き方を根本から考え直して、一律の定年退職というシステムをそろそろ変更したほうがいいように思われます。グラットンが「人生をマルチステージ化する」ことを提唱しているように、働き方を多様な形で再構築することが必要ではないでしょうか。健康で能力のあるうちは、70代でも80代でも働くことができる社会が必要でしょう。

もちろん、資産も十分にあって「リタイアしたい」人は、60歳どころかもっと早く退職したってかまいません。最近では、「ＦＩＲＥ」（Financial Independence, Retire Early＝投資による経済的自立と早期リタイア）という言葉もあるように、資産を早く形成して、「リタイア」する人も話題になっています。

ともかく、今までのような一律の働き方、同じ年代での定年退職といったシステムを変えていかなければ、「人生１００年時代」は乗り切れないでしょう。

ドゥルーズが提起した「制度の危機」

変わる必要があるのは、単に定年退職制度とか働き方というだけではありません。むしろ、社会と人間の生き方すべてが変わっていくのです。この本の最初に、現代が近代からポスト近代へ転換する時期だと述べました。「人生１００年時代」というのは、まさにこのポスト近代への入り口と言えます。

近代社会では、人びとの人生のコースが一律に決まっていました。簡単に言えば、生まれて20年間は学習して、その後40年ほど働いて、60歳で定年退職して現役から退き、その後は老後を迎える、というわけです。

こうした人生コースは、単線的で不可逆的な過程と見なされてきました。学校で学んだあとは、会社で働き、その後は退職して余生を過ごす。それぞれの段階は、相互に交わることがなく、学校時代→会社時代→引退時代というように、明確に区分されるのです。この区分を理解するために、フランスの哲学者**ドゥルーズ**（1925～1995）が『**記号と事件**』において、近代社会について記述した文言を、少し変えながら引用しておきます。

個人は閉じられた環境から別の閉じられた環境へと移行をくり返すわけだが、そうした環境にはそれぞれ独自の法則がある。まずは家族があって、つぎに学校がある（「ここはもう自分の家ではないぞ」）。そのつぎが会社（「ここはもう学校ではないぞ」）。それからときどき病院に入ることもあるし、場合によっては監獄に入る。それから、会社を離れ、施設に入る。

このように述べながら、**ドゥルーズは「これらの制度は危機に瀕している」と語り、新たな社会が到来しつつある、と強調**しています。この新たなポスト近代の社会では、働き方が今までとは変わるだけでなく、それぞれの境界線のあり方も変わることになります。

たとえば、仕事をしている人でも学校で学ぶこともありますし、学生でありながら働くこともあります。あるいは、定年退職という概念が薄れ、老後という区切りでリタイアすることも決まっていません。

健康で能力があれば、年をとっても仕事をしたり、学校で学んだり教えたりすることもできます。

これから必要になるのは、ポスト近代社会に応じた働き方であり、生き方です。そこで、次にポスト近代というこの時代のあり方を、「老い」の生き方という線に沿って、考えてみましょう。

第2章

老後生活はどのように「監視」され、「管理」されていくのか？

main characters

Beauvoir
Bentham
Foucault
Bauman
Deleuze

とぐろを巻くヘビの輪〔管理社会〕はモグラの巣穴〔規律社会〕よりもはるかに複雑にできているのである——ドゥルーズ

1. ボーヴォワールの「老い」と近代の終末

「老い」は、何よりもまず生命的な現象なので、生物にとって共通した経過をたどります。そのため、歴史的には、それほど大きな違いはないように見えます。実際、ボーヴォワールの『老い』を読むと、「老い」のあり方はそれほど変わっていないように感じます。

ところが、現代の状況を考えると、ボーヴォワールの時代とは大きな断絶があるように思えます。たとえば、「プロローグ」で紹介した箇所に続く、「老い」に対する彼女の考えがよく示されている同書の文章を取り上げてみましょう。

人間がその最後の15年ないし20年のあいだ、もはや一個の廃品でしかないという事実は、われわれの文明の挫折をはっきりと示している。（中略）この人間を毀損する体制（システム）、これがわれわれの体制に他ならないのだが、それを告発する者は、この言語道断な(スキャンダル)事実(ダル)を白日の下に示すべきであろう。

ここでボーヴォワールが、「われわれの文明」とか「われわれの体制(システム)」と呼んでいるのは、いったい何のことなのでしょうか。

ボーヴォワールが想定した「近代の老い」

実を言えば、この部分を読んだとき、私はボーヴォワールと時代感覚のズレを感じてしまいました。それは、「老人が一個の廃品でしかない」という点ではありません。それは、プロローグでも触れたように、**彼女が「廃品となる期間」を、15年から20年と見ていることです。**

『老い』が出版されたのは1970年なので、当時の平均寿命は70歳から80歳と想定されていたのでしょう。そう考えると、ボーヴォワールが「われわれの文明」とか「われわれの体制(システム)」と呼んでいるのは、「近代社会」を想定していると言えます。そうです、彼女の

『老い』は、あくまで近代社会における「老い」なのです。

ところが、『老い』が出版されてから50年以上経過した今日、すでに近代は終わりを迎え、今、新たに登場しつつあるのは「ポスト近代」と呼ぶべき社会です。**ボーヴォワールの『老い』は近代が終わるころに出版され、「ポスト近代」への橋渡しをしている**と言えるのではないでしょうか。

そこで、本章では、新たに登場しつつある「ポスト近代」社会が、どのような特徴をもっているのか、またそれが「老い」のあり方にどうかかわってくるのか、考えていくことにしましょう。

「廃品」としての老人は、どこに棄てられるのか?

ボーヴォワールは、仕事をしなくなった老人を「一個の廃品」と表現していますが、問題となるのは、それがどこへ回収されるのかです。彼女は、前掲書の「現代社会における老い」という章で、その行き先を次のように書いています。

成人は自分に依存する老人に対して、陰険なやり方で圧政をふるう。（中略）一時的に養老院へはいるように説き伏せておいて、そこへ遺棄する。

ボーヴォワールの頭のなかでは、「廃品」としての老人が捨てられる場所は、基本的には施設のようです。その他に、「療養所」「隠居所」「救済院（ホスピス）」「施療院」といった施設も語られていますが、基本的なイメージは「不健康な陋屋」、ないし「死の強制収容所」といったところでしょうか。

つまり、**人間が老人となって最後に行きつくのが、老人を集団として収容する閉鎖空間であり、その場所で老人たちは監視される**わけです。

個人的な経験で恐縮ですが、1970年代だったでしょうか、私の曾祖母――といっても、その人は後妻さんだったので、血のつながりはないのですが――が最後に「座敷牢」のような養老院に入っていたのを、一度だけ見たことがあります。

この人は私が高校生の頃、父親の実家に遊びに行くと、「徴兵検査は終わったか？」といつも聞いていました。認知症だとわかっていたので、適当に答えていましたが、それからしばらくして、施設に入ったようです。

「おばあちゃんに会いに行こう」と言われて、施設に向かい、はじめてその施設でどんな生活をしているのか見たのですが、そのときの衝撃は大きいものがありました。まるで、狭い独居房に死ぬまで閉じ込められた囚人のようだったのです。私に「徴兵検査は終わったか」と、にこにこしながら話していた人が、この狭く汚い座敷牢のなかで人生の終わりを迎えるのかと考えると、ひと事とは思えませんでした。

近代社会と「パノプティコン」の誕生

このように、**人びとを一定の閉鎖空間に収容して、周到に監視するシステムを、フランスの哲学者フーコーは「近代社会」の特徴と見なしました。**たとえば、家庭から始まって、学校・寄宿舎・兵舎・工場・病院などがその代表です。そして最後に来るのが、老人の収容施設なのです。そのため、フーコーは著書『**監獄の誕生**』（1975）で次のように語っています。

監獄が工場や学校や兵営や病院に似かよい、こうしたすべてが監獄に似かよっているとしても、何ら不思議ではない。

フーコーは、このような近代社会を、イギリスの哲学者である**ジェレミー・ベンサム**（1748～1832）が考案した監獄のモデル「パノプティコン」（一望監視システム）にしたがって理解していました。フーコーは、パノプティコンをこう説明しています。（フーコー「あるフランス人哲学者の見た監獄」）

（パノプティコンは）塔のてっぺんからそれを囲んで円形に配置された囚人用監房を監視するといった建築プランで、逆光になっているので相手に見られることなく、中央から一切の状況や動きを監督で

現代の「パノプティコン」の様子

中央に看守所がある、典型的なパノプティコン型の刑務所として知られていたキューバのプレシディオ・モデーロ刑務所。現在は博物館となっている。

きるというものです。権力は姿を消し、二度と姿を現さないが、存在はしている。たった一つの視線が無数の複眼になったも同然で、そこに権力が拡散してしまっているわけです。

具体的に図解したほうがわかりやすいので、イメージ図を示しておきます。功利主義者のベンサムが考案したように、監視する人が少数で、監視される人が多数という形をとっていて、極限的にはひとりでも監視できるようになっています。**「パノプティコン」（panopticon）というのは、all「すべて」（pan〜）をobserve「みる」（〜opticon）という意味を組み合わせた造語**です。

フーコー＋ボーヴォワール＝近代モデルの完成

フーコーの「パノプティコン」モデルを確認したら、あらためてボーヴォワールの「老い」の議論と組み合わせることにしましょう。

フーコーによれば、「近代」社会とは、監獄に代表されるように、閉鎖空間のなかに人々を集め、そこで彼らを詳細に監視しつつ、秩序を遵守できるような規律訓練を施す社会です。学校も軍隊も工場もすべて、このモデルを採用しています。

ただし、フーコーの議論には、人間が社会のなかでまだ使える状態しか想定されていませんでした。逆にいえば、**人間を監視することによって社会で使えるように規律訓練するのが近代社会の特質**だったのです。言うならば、フーコーの念頭にあったのは人間の「現役」でした。子どもを、どのようにして「現役」として社会に組み込んでいくのか、その工程が考えられていたわけです。

しかし、人間は、「老い」を迎えれば現役から外され、社会的には何の役にも立たないと見なされる「廃品」となります。**フーコーの視野には、人間の最後の工程である「廃品」処理のことが含まれていなかった**のです。

それに対して、ボーヴォワールが目を向けたのが、まさにこの部分でした。時期的に言えば、フーコーの『監獄の誕生』よりもボーヴォワールの『老い』のほうが少し早く出版されていますので、フーコーの議論を受けてボーヴォワールが「老い」の段階を発想したわけではありません。しかし、私の理解では、**ボーヴォワールの「老い」は、フーコーにはなかった人間の最後の段階を補完するもの**となります。

2. ポスト・パノプティコン時代に、「老い」はどう変化していくのか？

ボーヴォワールが想定した「廃品老人」の回収所――これは、近代のパノプティコン社会では人間が最終的に行きつく場所のように見えます。ところが、「パノプティコン」をモデルにした理解は、すでに時代遅れになっています。たとえば、ポーランド出身の社会学者**バウマン**（1925～2017）は著書『**リキッド・モダニティ**』のなかで、次のように書いています。

ミシェル・フーコーはジェレミー・ベンサムのパノプティコンを、近代的権力の究極の比喩としてもちいた。（中略）近代史の現段階の形容の仕方には色々あるだろうが、たぶん、何よりもまず、ポスト・パノプティコン時代だと言える。

すなわち、フーコーがモデルとした近代のパノプティコン時代は終わり、今や新たな時代に移行しつつあるというのです。その変化を印象的に示したのが、フランスの哲学者ドゥルーズの「管理社会論」です。

ドゥルーズが見抜いた「ポスト・パノプティコン」時代

ドゥルーズは、フーコーが記述したパノプティコン時代の社会を「規律社会」と呼び、現在は、その次に来る「管理社会」の時代に突入している、と考えました。彼は、1990年頃にインタビューや論稿などで、「ポスト・パノプティコン」時代の到来に注意を促しています。

私たちが「管理社会」の時代にさしかかったことはたしかで、いまの社会は厳密な意味で規律型とは呼べないものになりました。（中略）私たちが管理社会の時代にさしかかると、社会はもはや監禁によって機能するのではなく、恒常的な管理と、瞬時に成

（ドゥルーズ『記号と事件』）

り立つコミュニケーションが幅をきかすようになる。

一般的なイメージだと、「規律社会」と「管理社会」の違いは、あまりわからないかもしれません。どちらも、個々人の自由を奪って、雁字搦(がんじがら)めに縛るもののように感じるでしょう。しかし、ドゥルーズは両者のあいだに根本的な区別を設け、近代からポスト近代への変化として語っているのです。

ドゥルーズによれば、フーコーが分析したような「規律社会」は「二十世紀初頭にその頂点に達する」のですが、やがて「第二次世界大戦後に壊滅の時代を迎える」とされます。**今では、規律社会の制度は「危機に瀕している」**わけです。具体的には、監獄・病院・工場・学校・家庭など、「私たちは、あらゆる監禁の環境に危機が蔓延した時代を生きている」わけです。こうして、彼は次のように述べることになります。

規律社会とは、すでに私たちの姿を映すこともなく、もはや私たちとは無縁になりつつあった社会なのである。

こうした規律社会から管理社会への移行を考えるとき、**何よりもまず理解すべきは、「閉鎖環境」から「開放環境」への変化**です。管理社会は「監禁によって機能するのではなく、恒常的な管理と瞬時に成り立つコミュニケーション」によって動かされていると言われますが、どこが違うのでしょうか。

具体的に考えてみましょう。規律社会の閉鎖環境では、たとえば、「家庭↓学校↓兵舎↓工場」など、「個人は閉じられた環境から閉じられた環境へと移行をくり返す」。しかし、その場合、いつもゼロからやり直さなければなりません。というのも、「そうした環境にはそれぞれ独自の法則がある」からです。

ところが、管理社会では、こうした閉鎖環境は廃止され、相互に乗り入れつつあるのです。ドゥルーズはこう語っています。

まだ手探りの状態ではありますが、それでも一応の形をととのえつつあるのは、新しいタイプの懲罰であり、教育であり、また治療であるわけですからね。開放病棟とか、在宅介護チームなどが現実のものとなってから、すでにかなりの年月が経過していますす。これからは教育も閉鎖環境の色合いがうすまり、もう一つの閉鎖環境である職業の世界との区別も弱まっていくだろうし、やがては教育環境も職業環境も消滅して、あのおぞましい生涯教育が推進され、高校で学ぶ労働者や大学で教鞭をとる会社幹部を管理するために、「平常点」のしくみが一般化するに違いありません。

ここで注目すべき点は、**「在宅介護チーム」に言及しているように、ドゥルーズが「老い」や「老人施設」についても念頭に置いている**ことです。これについては、のちほどあらためてとり上げますが、その他の具体的な事例についても、すでに現実化していることが理解できるのではないでしょうか。

では、閉鎖環境から開放環境へと変化することによって、何が生じているのでしょうか。ドゥルーズが繰り返し主張しているのは、「管理社会では何一つ終えることができない」ということです。管理社会では、特定の閉鎖環境がなくなるのですから、逆に「いつでもどこでも」管理され続けるわけです。つまり、**「ユビキタスな管理」、あるいは「終わりなき管理」こそが管理社会の特質**なのです。

しかし、どうしてこのような不断の管理が可能なのでしょうか。

アナログな「監視」からデジタルな「管理」へ

規律社会から管理社会への移行を理解するには、おそらくそこで使われる「機械」に注目するのがわかりやすいでしょう。

注意するまでもありませんが、規律社会にしても管理社会にしても、「監視」が重要な役割をもつのは変わりません。しかし、「監視」する手段が大きく異なっています。規律社会では、生身の人間が監視するのに対して、管理社会ではコンピュータが利用されるのです。歴史的変化の全体として、ドゥルーズは次のような展開を考えています。

君主制の社会には単純な力学的機械（てことか滑車とか時計仕掛けなど）を、規律型にエネルギー論的機械（蒸気機関のような）を、そして管理社会にはサイバネティクスとコンピューターをそれぞれ対応させることができるのです。

ここから、ドゥルーズが措定（そてい）する次のような図式を読みとることができるでしょう。

「近代＝産業社会＝蒸気機関＝大工業VSポスト近代＝情報社会＝コンピュータ＝通信ネットワーク」

この変化に関連して、確認しておきたいもうひとつのポイントは、資本主義の変化です。つまり、**「生産をめざす資本主義」から「販売や市場をめざす資本主義」への変化**です。そのため、ドゥルーズは、こう言明しています。

「市場の獲得は管理の確保によっておこなわれ、規律の形成はもはや有効ではなくなった」

こうしたコンピュータによるデジタル管理のあり方について、その当時（1990年頃）ドゥルーズはどこまで考えていたのでしょうか。

何よりもまず、販売や市場という点から見て、**「マーケティングが社会管理の重要な道具である」ことは明らか**でしょう。そこでは、**人間たちは「サンプルかデータ」になってしまいます**。それにともなって、**「人間は監禁される人間であることをやめ、借金を負う人間となった」**と言われます。このように、現在の資本主義は、「マーケティングの楽しみ」と「クレジットの管理」に向かうわけです。

次に、現在の資本主義では、貧困にあえぐ人々をいかに管理するのかということも、無視することができません。「豊かな社会」と呼ばれる現代社会のいたるところで、「ホームレス」の人々が生活しているのは、周知の通りです。

借金をさせるには貧しすぎ、監禁するには人数が多すぎる貧民、管理が直面せざるをえない問題は、境界線の消散ばかりではない。スラム街とゲットーの人口爆発もまた、切迫した問題なのである。

こう述べたあと、管理社会のイメージを具体的な形で描くのですが、それを見ると、30年前にドゥルーズが予言していたことが、現代社会において実現しているのがわかると思います。では、具体的にドゥルーズは、どんな〝予言〟をしていたのでしょうか。

境界線の消滅と液状化

ここで紹介するのは、1990年頃にドゥルーズが描いた世界ですが、そのまま私たちが日常的に経験している風景です。そのため、あまり不思議さを感じないと思いますが、これが30年以上前に書かれたことを念頭において、次の一文を読んでみてください。

SFの助けを借りなくても、保護区内の動物や（エレクトロニクスの首輪をつけた）企業内の人間など、開かれた環境における成員の位置を各瞬間ごとに知らせる管理機構を思い描くことができる。フェリックス・ガタリが予測していたのは、決められた障壁を解除するエレクトロニクスのカードによって、各人が自分のマンションを離れ、自分の住んでいる通りや街区を離れることができるような町である。しかし決まった日や決まった時間帯には、同じカードが拒絶されることもあるのだ。ここで重要なのは障壁ではなく、適法の者だろうと不法の者だろうと、とにかく各個人の位置を割り出し、全世界規模の変調をおこなうコンピューターなのである。

こうしたドゥルーズの管理社会論は、現在の技術水準から見ると、少しナイーブに感じるかもしれません。1990年代にインターネットが急速に普及し、社会全体が情報処理機器によってネットワーク化されたので、ドゥルーズの管理社会論は、現在ではもっと具体的な形で議論することが可能でしょう。

近代の規律社会からポスト近代の管理社会へ移行していることについては、ドゥルーズの議論によって理解できたと思います。そこで次に、ドゥルーズも触れていた「老い」の変化について確認していくことにしましょう。

その前に、管理社会についての理解を確認するために、「ポスト・パノプティコン時代」について語っていたバウマンの論点を、見ておくことにします。というのも、バウマンはドゥルーズの管理社会論をふまえつつ、より具体的な形で社会を分析しているからです。バウマンは、ポスト・パノプティコン時代に移行することで、いったい社会の何が変わると考えていたのでしょうか。

ポスト・パノプティコン時代の特徴は、第1に「境界線の消滅」にあります。近代のパノプティコン時代には、学校や工場など監禁空間が設定され、そのなかでアナログ的に監視されていました。ところが、ポスト・パノプティコン時代になると、それぞれの監禁空間が解放されて、それぞれを隔てる境界線が消滅してしまったわけです。

第2点としてバウマンが導入する論点は、「流動化・液状化」という特質です。**パノプティコン的な近代は、固体的で硬質の制度が確固として成立**していました。ところが、**ポスト・パノプティコン時代になると、こうした固体的な制度が融解し、全体が流動化・液状化する**と見なされます。

つまり、境界線が消滅し、全体が流動化・液状化するのが、ポスト・パノプティコン時代の私たちの生き方となったのです。

パノプティコンの終焉は、管理者と被管理者、資本と労働、指導者と支持者、戦争の敵味方のあいだの、相互関与の時代の終焉を予感させる。いまの主要な権力手段は、逃避、流出、省略、回避である。また、秩序建設、秩序維持の責任とコストを生じさせる領土や、その束縛から効果的に逃れることである。

そこで、ポスト・パノプティコン時代の現代社会を、バウマンにならって「液状化する社会」と呼ぶことにしましょう。**現代のポスト・パノプティコン時代では、閉鎖空間を境界づけていた線がことごとく消滅し、社会全体が液状化した社会となった**のです。

この液状化のなかで、デジタル・テクノロジーを駆使して人々を管理するのが、ポスト近代の現代社会というわけなのです。

3. 閉鎖から開放へと向かう「介護」と「医療」の未来像

まずは、管理社会論のなかで、ドゥルーズの老人に関する言及を取り上げておきましょう。数はきわめて少ないのですが、彼の見方がよく出ています。

まずひとつは、P79ですでに引用したものですが、「閉鎖環境」からの解放という文脈で語られています。

まだ手探りの状態ではありますが、それでも一応の形をととのえつつあるのは、新しいタイプの懲罰であり、教育であり、また治療であるわけですからね。開放病棟とか、在宅介護チームなどが現実のものとなってから、すでにかなりの年月が経過しています。

もうひとつは、「病院の危機」に関して次のように語られています。

たとえば、監禁環境そのものともいえる病院の危機においては、部門の細分化や、デイケアや在宅介護などが、初めのうちは新しい自由をもたらしたとはいえ、結局はもっとも冷酷な監禁にも比肩しうる管理のメカニズムに関与してしまったことを忘れてはならない。

ドゥルーズが与えた高齢化社会へのヒント

さて、こうしたドゥルーズの言及に対して、何が言えるのでしょうか。ここで念頭に置かれているのは、「閉鎖環境」である病院が、その境界から開放されて、閉鎖環境ではなくなりつつある状況です。

それが、「開放病棟」や「在宅介護」、あるいは「デイケア」という言葉で表現されています。

このときドゥルーズが考察の対象としているのは、必ずしも「老人」を対象にした施設というわけではありません。おそらく、精神的な病に苦しむ人々を治療する病院を想定していると思いますが、このあたりは「老人」を対象にする現在の病院・施設と重なります。もちろん、周知の通り今日では、「開放病棟」「在宅介護」「デイケア」という言葉は、老人介護の場面で使われています。

そこで、ドゥルーズがここで語っているのは、「老人」を対象にした病院、老人介護の施設などと拡大理解することにしましょう。

実際、現代社会において、老人を収容する施設は、かつての養老院・救護施設のような、隔離・閉鎖した監禁空間ではなくなっています。外部の人との接触も自由だし、外出なども原則的には可能になっています。

さらには、「老人」だからといって、専門の病院や施設に収容するのではなく、むしろ現在は「在宅」で見守ることが推奨されるようになりました。

その結果、**「独居老人」や「老老介護」などが増大し、十分に医療・介護行政等の目が行き届かない**ことも指摘されています。

「ヘビの輪はモグラの巣穴よりもはるかに複雑」

今度は、管理社会の特質から「老い」に関して何が導かれるのか、考えてみましょう。

近代のパノプティコン時代には、それぞれの閉鎖空間には、いわば同質的な人々を集め、規律訓練することがめざされていました。これにともなって、近代の基本的な〝人生行路〟のモデルが設定されたのです。まず家庭で生活し、一定の年齢に達したら、学校教育を受けることになります。学校は、年齢と能力に応じて、段階的に編成されていますが、それぞれは別々の閉鎖環境になっています。

学校を卒業すると、今度は仕事をするようになり、古くは工場をはじめとするあらゆる職場に、その後の時代は会社や役所などで働くようになります。兵役の義務があれば、働く前に軍隊に所属したり、働く途中で軍隊に入ったりすることもありました。

仕事に何年間従事するかは、必ずしも一律というわけではありません。ただ、近代社会では一般的に50歳から60歳を迎える頃まで働き、その後は定年退職の時期を迎え、現役から退くというコースが設定されていました。

ところが今、こうした閉鎖環境間の境界線が消滅し、家庭も、学校も、仕事も、老後も、前述のバウマンの表現のように流動的になり始めたのです。したがって、「老後」のあり方を考えるには、現代のポスト・パノプティコン状況をふまえて理解するしかありません。

こうして今や、学校と会社（仕事）の区別がなくなり、労働者が学校で学んだり、会社の管理職の人が学校で教えるようになったのです。ドゥルーズとしては、こうした管理社会化に対して、実は必ずしも肯定的に評価しているわけではありません。たとえば、**「やがては教育環境も職業環境も消滅して、あのおぞましい生涯教育が推奨され……」と語っているように、「終わりのない」管理社会は批判すべき**だと考えています。

ただ、彼自身はそれをどう批判するかについては、明確な回答を出していません。むしろ、それに対する具体的な批判は、今後の若者に期待しているようです。論考の最後は、次のようにまとめられています。

> 自分たちが何に奉仕させられているのか、それを発見するつとめを負っているのは、若者たち自身だ。彼らの先輩が苦労して規律の目的性をあばいたのと同じように。とぐろを巻くヘビの輪（管理社会）はモグラの巣穴（規律社会）よりもはるかに複雑に

できているのである。

管理社会をどう批判するかは別にして、今日の社会が管理社会に移行しているのは、たしかなことです。閉鎖環境の境界線は消滅し、社会全体が流動化しています。この例として、ドゥルーズは学校と会社・仕事の相互流入について語っていますが、残念なことに、老後のことは想定されていないようです。

そこで、ドゥルーズが書いていないことを、少し加えておきたいと思います。それは、現役（仕事）と引退（老後）、あるいは学校と老後という区別についてです。

ドゥルーズが述べたような表現を使えば、今や「学校で学ぶ老人」は少なくありません。大学に社会人が入学するだけでなく、老人もまた大学で学ぶようになりました。あるいは大学によっては、引退して時間のある老後を迎えた人をターゲットにしたコースもあります。そこで学ぶ老人たちは、皆、生き生きと学んでいるようです。

仕事との関係でいえば、ハッキリと定年を決めていない会社も少しずつ出てきました。ですので、退職するかどうかは、年齢にかかわらず、本人の希望と能力によって左右されるようになるでしょう。こうした動きが進んでいけば、年齢によって現役か引退かが分かれることはなくなるはずです。**これもまた、境界線が消滅する管理社会化のひとつ**と言えます。

少子高齢化は歴史的必然である！

ポスト・パノプティコン時代の「老い」を考えるために、ドゥルーズの管理社会論を手がかりにして、近代社会との違いを見てきました。最後に、「人生１００年時代」という観点から、あらためて考察したいと思います。

「人生１００年時代」を考えるとき、基本的な前提となるのは、先進国から始まった「少子高齢化」の動きです。老人は長寿化する一方で、出生数はますます減少しつつあります。

たとえば、河合雅司『未来の年表』の試算によれば、現在の人口は1億２０００万人を超えているのに、**２０６５年には８８００万人ほどになり、１００年後には５０００万人ほどになる**とされます。驚くのはまだ早く、**２００年後には１３８０万人になり、なんと３０００年後には２０００人になる**らしいのです。

たしかに、この数字はショッキングではありますが、しかし３０００年後の世界が今まで通りであるのかどうか、そもそも疑わしいでしょう。そのため、この数字をあまり真剣に受け取るのも問題ですが、今後のポスト・パノプティコン時代が、世界的な少子（超）高齢化社会であるのは否定できません。

現在、こうした予想の下で、政府は少子高齢化対策を急ごうとしていますが、はたしてうまくいくのでしょうか。ひとつ確認しておくべきは、歴史の大きな流れです。

世界の人口を考えてみますと、西暦１５００年には5億人であったものが、19世紀の初頭にはおよそ10億人になっています。それから20世紀に入る頃には、16億人に達しています。それが、１９２０年代には20億人になり、30億人を超えたのは１９６０年です。それからあとは、「人口爆発」と呼ばれるように、急激な増加となっています。

こうした人口増加を考えるとき、注目しておきたいのは、最初に「人口爆発」が起こったのは、ヨーロッパで産業革命が進行した18世紀後半から19世紀にかけてだということです。これをヨーロッパの近代化と呼べば、人口が爆発するのは社会が近代化したときと考えることができます。つまり、**近代化と人口増加は切り離すことができない**のです。

それに対して、繰り返しになりますが、今日の社会は近代からポスト近代に移行しつつあるのです。この転換点で、新たに何が起こっているのでしょうか。

まずひとつは、女性の役割の変化です。かつて女性は、家事労働が主流で結婚して子どもを産むのが、基本的なコースとなっていました。ところが、今日では女性の地位が向上し、教育水準も高くなり、学校を出てから仕事をする人が主流となりました。

一般に女性の教育水準が上がり、仕事をするようになると、子どもの出生率は減少する傾向になります。さらには、出産以前に結婚することさえも減少しているのです。

家族制度を大まかに歴史的に見ると、大家族制から核家族制へ、というのが近代化であり、ここから単身家族（結婚しない単身者たち）へ、というのがポスト近代化の方向のように見えます。だとすれば、子どもの数が増える要素はあまりなさそうです。こうした歴史の方向性を否定できる何らかの根拠があれば話は別ですが、先進国を見ていると、この方向が基本的な流れであるのは、今のところ間違いないでしょう。

今日の社会は、単身家族制のポスト近代化の道を進んでいて、それにともなって人口減少は歴史的必然となっています。その反面、高齢者の寿命は長くなり、「人生100年時代」を迎えているのです。したがって、近代的なパラダイムにもとづいて、人口減少に警鐘を鳴らし、少子高齢化を憂いてみたところで、歴史の流れを逆回転させることはできそうもありません。むしろ、この事実をしっかり見つめることが大切ではないでしょうか。

グラットンが考える新たな「ライフステージ」

この章の最後に、あらためてグラットンの『ライフ・シフト』を見ておきましょう。すでに何度も強調したように、今日の社会の方向性は、高齢者の寿命がのびて「人生100年時代」になることです。そうなると、いままでの「ライフステージ」の考えを変える必要が出てきます。

従来の考えによれば、「ライフステージ」の考えは、3ステージの人生で考えられてきました。具体的にいえば、「教育→仕事→引退」という3ステージです。ところが、寿命がのびることで、二番目の「仕事」のステージが長くなるのです。引退の年数は、70〜80歳になり、長い期間働くことになります。

ただし、グラットンは多様なステージを考えて、さまざまな仕事のスタイルを提唱しています。それを簡単に取り上げましょう。

①エクスプローラー（探索者）：選択肢を狭めずに幅広い針路を検討する

②インディペンデント・プロデューサー（独立生産者）：自由と柔軟性を重んじて小さなビジネスを起こす
③ポートフォリオ・ワーカー（多重就業者）：さまざまな仕事に同時並行で携わる

具体的にどんな働き方をするかは、国や社会の状況によって異なりますが、そのどれもが個人を出発点にして、多様な働き方を求めることで、共通しています。つまり、それぞれの人の能力と自由な発想に基づいて、充実した仕事を行うことです。

しかし、これはあくまでも一つの提案であり、私たちの場合はそれぞれの条件や周りの環境が異なっていますので、そのまま応用することはできそうもありません。むしろ、重要なことは、具体的にどんな働き方をするにしても、今まで通りとは違った方法を構築しなくてはならないことです。これは個人の問題であるだけでなく、社会全体として取り組む課題です。「人生１００年時代」はすぐそこまで来ているのですから、こうしたマルチステージの生き方を、何よりもまず考えなくてはなりません。

第3章

哲学者は自身の「老い」をどう考えてきたのか？

main characters

Plato
Aristotle
Cicero
Seneca
Minois
Zeno of Citium
Montaigne
Pascal
Schopenhauer
Nietzsche

呑気にしていることと、安心していられることとが、老年期の主な欲求である。だから老年期になると、以前にもまして金銭を愛する。金銭が能力不足の補いとなるからだ

――ショーペンハウアー

1.「老い」をめぐるプラトンとアリストテレスの違い

この章では、前章まではちょっと趣を変えて、「老い」について哲学者たちがどのように考えてきたのか、見ていきましょう。そのとき、注意しておきたいのは、ボーヴォワールが指摘していた点です。彼女の言葉を少し意訳して、次のように引用しておきます。

哲学者たちや詩人たちは、つねに特権的階級に属しており、それが彼らの言葉からその価値の大部分を奪う理由の一つとなっている。つまり彼らはつねに不完全な真理を語るにすぎず、しかもしばしば嘘をつく。

とはいえ、この言い方について、「はじめに」でも紹介した『老いの歴史』で知られるフランスの歴史家ジョルジュ・ミノワは、**「ボーヴォワールのこの主張もまた危険で言い過ぎの感がある」**とコメントしています。

つまり、過去の哲学者たちの記述には、彼らのバイアスがかかっているのは事実ですが、「しばしば嘘をつく」とまでは考える必要はありません。ですので、私としては、哲学者たちの考えを紹介するにあたり、どのようなバイアスがかかるのか、できる限り注意することにします。

まずは、ギリシア時代の哲学者を取り上げます。彼らの特徴は、そのほとんどが長生きしていることです。それゆえ、**「ギリシアの哲学者は、人びとが思い描いているイメージ通り、皆、老人である」**と言われます。

たとえば、原子論者のデモクリトスは100歳か109歳で亡くなった、と言われています。ストア派の**ゼノン**は98歳（諸説あり）ですし、ピタゴラスは80歳か90歳と言われています。また、プラトンは81歳ですし、アリストテレスは少し若く63歳とされています。

面白いのは、ソクラテスが毒杯を仰いだのは70歳頃とされるのですが、そのときには、なんとまだ小さな子どもがいた、と言われています。2人目の若い奥さんがいたようで、かなり元気だったわけです。

ギリシア時代の哲学者たちは長生きしたので、「老い」をテーマとした著作がいろいろ出されていたそうです。ただし、今はほとんど残っていません。**アリストテレスによれば、肉体の成熟期は35歳とされ、魂の成熟期は49歳**とされています。これを見ると、現代人の感覚とあまり変わらないのではないでしょうか。

プラトンとアリストテレスの奇妙な師弟関係

ギリシア時代の哲学者として、ここで取り上げるのは、**プラトン**（紀元前427〜同347）と**アリストテレス**（紀元前384〜同322）です。このふたりについては、あらためて説明するまでもないほど有名ですが、私なりの観点から少しだけコメントしておきます。

ギリシア時代の哲学者としては、ソクラテス―プラトン―アリストテレスの3代がそれぞれ師弟関係で、ギリシア哲学の最盛期を形成しました。ただ、ソクラテスには著作はなく、プラトンの著作を通して、ソクラテスの思想を知ることになっています。

そのため、著作として残されているプラトンとアリストテレスに限って、考えることにしましょう。

ふたりの関係を考えるとき、私はいつもドイツの哲学者**ニーチェ**（1844〜1900）が語った次の文章を思い出します。**『ツァラトゥストラ』**や**『この人を見よ』**のなかで、ニーチェは「師弟関係」についてこう語っているのです。

いつまでもただ弟子でいるのは、死に報いる道ではない。なぜ君たちはわたしの花冠をむしり取ろうとしないのか。

実際、プラトンとアリストテレスという師弟関係が、ニーチェが語ったこの師弟関係そのままだったように思えます。

アリストテレスは17歳のときにプラトンの学園「アカデメイア」に来てから、およそ20年間学びました。しかし、アリストテレスは師であるプラトンの考えを、たいてい批判しています。**2500年の哲学の歴史のなかで、プラトンはさまざま批判されていますが、最大の批判者はアリストテレス**と言えるでしょう。それほど、プラトンとアリストテレスという師弟の考えは、違っているのです。

「老い」を積極的に評価するプラトン

プラトンの立場は「理想主義」です。現実は「こうあるべきである」という理想の姿をいつも想定します。また、魂（精神、こころ）と肉体は完全に分離すると考えていました。こうしたことを確認したうえで、プラトンの代表作『国家』を読んでみましょう。ソクラテスが、「老境」にさしかかった長老のケパロスに対して、「老い」について質問しています。「老いることは不幸なのか」と。それに対して、ケパロスは次のように答えています。

まったくのところ、老年になると、その種の情念から解放されて、平和と自由がたっぷり与えられることになるからね。

ここでプラトンは、老年になると肉体的な欲望、とくに性的な「愛欲の楽しみ」から解放される、と述べています。これが事実かどうかは別にして、**プラトンとしては、老年に**

なるにつれて、肉体的な欲望から解放されて、精神的な欲望や楽しみが増えると見なしているわけです。そのため、若者よりも老人のほうが徳のある生活を送ることができる、と見なします。

この見方にもとづいて、プラトンは「老人政治」を主張しました。国家の政治形態として、次のように語るのです。

それではまず、支配者となるのは年長の人々であり、支配されるのはより若い人々でなければならぬこと、これは明らかだね。

この考えにもとづいて、プラトンは80歳のときに書いた『**法律**』のなかで、老人政治を具体的に描きました。命令するのは長老、されるのは若者。子は親を敬い、絶対に服すべきこと。

一方、老人は若者の手本になるべきこと。さらには、それぞれの年齢にどんな権限が与えられるかを、具体的に示しています。

たとえば、宴会を開催できるのは60歳以上の男性をはじめ、老人優遇の政策が多々述べられています。老人にとっては、心地よく感じるかもしれませんが、今なら「老害」と批判されそうです。

アリストテレスの強烈な老人批判

それに対して、アリストテレスはプラトンとはまったく逆の立場を主張しました。アリストテレスは、プラトンとは違って、魂は肉体から切り離すことができず、肉体と必然的に結びついている、と考えています。「魂」はもともと、動物にも植物にもあって、人間の「魂」とそれとが連続的に考えられています。

そのため、アリストテレスによれば、肉体の衰退とともに精神〔魂〕も衰退していくことになります。プラトンの場合には、肉体の衰退は精神にとって欲望からの解放となったのですが、**アリストテレスは肉体とともに精神も衰退すると見なした**のです。

また、アリストテレスは、現実主義者で具体的な観察を重視し、そこから一般的な結論を導き出しました。プラトンの「国家」はプラトンが理想とするモデルですが、アリストテレスはさまざまな「国家」を実際に調査して、その長短を見きわめたうえで、国家のあり方を描いています。こうした経験主義的な方法が、その後の哲学でもひとつの伝統になっているのです。

著書『**弁論術**』のなかで、アリストテレスは、青年、老年、壮年の性格について特徴づけていますが、いかにもアリストテレスらしい観察だと思います。アリストテレスが老人についてどう考えているのか、箇条書きで紹介していきましょう。

①何ひとつ確たる言い方をしない
②ひがみ根性
③卑屈で、心が狭い
④臆病で、何事にも不安を抱く
⑤生への執着が強い
⑥必要以上に自己中心的
⑦簡単には希望を抱かない
⑧欲望は緩みきっており、利得のとりこになっている
⑨品性よりも損得勘定で動く

⑩憐れみを感じやすく、愚痴をこぼす

こうした老人理解にもとづいて、**アリストテレスは高齢の人々を政治から遠ざけるべきだと考えていました。というのも、老人はさまざまな能力が減少した人々だから**です。先ほども紹介したように、「精神は、肉体と同様に老齢になる」。これがアリストテレスの基本的な考えなのです。

師弟はなぜ、「老い」に関して真逆の考えだったのか？

「老い」に対して、プラトンとアリストテレスの師弟間では、真逆とも言えるような態度の違いが見られます。この違いはなぜ生じたのでしょうか。

もちろん、すでに触れたように、両者の哲学的な立場に起因するのは否定できません。プラトンは理想主義的で、現実を理想に近づけようとします。彼が唱えたイデア論は、現実から独立した「イデア」を想定して、具体的な現実を「イデア」に従って理解するものです。それに対して、アリストテレスは現実主義者であり、経験主義的な立場をとります。

具体的な現実を観察して、そこから一般的な理論を形成するのです。

しかし、だからといって、それだけではプラトンのように「老人政治」を唱えるか、アリストテレスのように政治から老人を排除しようとするかという違いは、ストレートには出てきません。理想主義的な理論をもって、「若者主義」を唱えることもできるでしょう。では、なぜ彼らのあいだで、違いが生まれたのでしょうか。

おそらくふたりの違いは、彼らの出身にあるように思えます。プラトンはアテネの貴族出身であり、政治に携わることを熱望していました。実際、政治改革にも着手しています。プラトンとしては、自分たちのような老齢の者が政治にかかわり、ポリスを運営するほうが正義にかなう、と考えていたのでしょう。**プラトンのモデルは、長老が政治支配するスパルタにあった**ようです。

これに対して、アリストテレスは医者の子どもですが、アテネにおいては外国人です。外国人は政治に参加することはできず、軍事にもかかわることができません。ですから、アリストテレスは政治について、あくまでも第三者の立場から論じているのです。つまり、政治に参加する当事者ではなく、政治を観察する傍観者といえます。

ですから、『政治学』を書くときも、できるだけ多くの政治形態を見て歩き、そのなかで〝マシ〟な政治形態のあり方を示したのです。決して、自分の理想的な政治モデルを主張しようとはしませんでした。

そのうえで、プラトンよりも40歳以上若いアリストテレスの目には、老人をめぐる状況は好ましいものとは映らなかったのでしょう。ようするに、先に紹介したまさに『弁論術』で述べられた老人の姿です。**肉体とともに精神も衰え、心が狭く自己中心的で、臆病で損得勘定で動くような老人に、政治をさせるわけにはいかない、と考えた**のです。

このように考えると、「老い」についての基本的な対立が、2500年前のこのふたりによって、ほとんど提示されているように感じるのではないでしょうか。皆さんは、どちらの考えに納得されますか？

郵便はがき

差出有効期間
2025年 8 月
19日まで
切手はいりません

1 6 2-8 7 9 0

東京都新宿区矢来町114番地
神楽坂高橋ビル5F

株式会社ビジネス社

愛読者係 行

ご住所 〒 TEL:　　　(　　　)　　　FAX:　　　(　　　)		
フリガナ お名前	年齢	性別 男・女
ご職業	メールアドレスまたはFAX メールまたはFAXによる新刊案内をご希望の方は、ご記入下さい。	
お買い上げ日・書店名 年　月　日	市区 町村	書店

ご購読ありがとうございました。今後の出版企画の参考に
致したいと存じますので、ぜひご意見をお聞かせください。

書籍名

お買い求めの動機

1　書店で見て　　2　新聞広告（紙名　　　　　　　　　）

3　書評・新刊紹介（掲載紙名　　　　　　　　　　　　）

4　知人・同僚のすすめ　　5　上司、先生のすすめ　　6　その他

本書の装幀（カバー），デザインなどに関するご感想

1　洒落ていた　　2　めだっていた　　3　タイトルがよい

4　まあまあ　　5　よくない　　6　その他(　　　　　　　　　　　)

本書の定価についてご意見をお聞かせください

1　高い　　2　安い　　3　手ごろ　　4　その他(　　　　　　　　)

本書についてご意見をお聞かせください

どんな出版をご希望ですか（著者、テーマなど）

2. キケロとセネカが、「老い」を賞賛したのはなぜか？

次に、ローマ時代を見てみましょう。ここで取り上げるのはキケロとセネカ（紀元前1～紀元65）、彼らはキリスト教支配以前の哲学者です。プラトンやアリストテレス、あるいはストア主義やエピクロス主義といったギリシア哲学の影響を強く受けています。

このふたりは、だいたい100年ほどの隔たりがありますが、いずれも名文家としてよく知られています。とくに、「人生」に関する含蓄のある文章を残しているので、哲学に「人生とは何ぞや」の議論を期待する人は、両者の著書を読むといいかもしれません。

ただ注意すべきは、彼らの文章を読むとき、社会的背景を抜きにしてしまうと誤解してしまう恐れがあることです。老齢になった人が彼らの文章に接すると、おそらく「わが意を得たり」と感じるかもしれません。

ところが、**彼らは当時、政治家として重要なポストを占めていて、その役職を正当化するために文章を書いている**のです。これをボーヴォワールが指摘しました。彼らは特権階級であり、それを老人が担当すること、つまり「老人政治」のスポークスマンとして名文を書いているというわけです。

一見したところ、「老い」の豊かさを美文調で語るので感動的ですが、背景となる政治的な思惑を知ると、その豊かな内容を差し引いて考える必要が出てきます。それを確認するために、それぞれの文章を取り上げておきましょう。

老人政治を取り戻すために書かれた『老年について』

キケロやセネカの「老い」に関する議論を見ていく前に、あらかじめ彼らが置かれた時代的な背景を確認しておくことにしましょう。『老いの歴史』のなかで、ミノワは次のように概観しています。

一般的に言って、ローマ政治の進展に伴い、老人の権力は衰退していった。共和国時代が老人の黄金時代だった。この貴族制共和国のもとでは、富と権威を一手に集めた老人が、家庭においても国家においても支配者であった。だがあまりに権力が集中したため、〈共和国〉内では不人気を、〈家族〉内では憎しみを買った。こうした過度に硬直した枠組みが、内戦と帝政によって壊されたのである。

古代ローマは王政として建国されましたが、前6世紀末に共和政に移行しました。ただし、この共和政も、紀元前2世紀末頃には有力者間で政争が起こり、紀元前121年から同27年までを「内乱の1世紀」と呼ぶのが通例になっています。

このあと、共和政は帝政へと移ります。キケロの生涯は、まさにこの「内乱の1世紀」に重なっているので、政治的には大変な時期でした。キケロはそのなかで、騎士階級出身の政治家として活躍したのですが、最後は陰謀によって自殺に追い込まれてしまいます。

この時代は、元老院などの権威がだんだんと低下し、しかも、それまで政治を担ってきた「老齢」の人々に対する反発も強くなっていきました。**こうした状況下で、元老院の意義を強調し、「老人政治」を取り戻すために書かれたのが、キケロの有名な『老年について』**だったのです。

次々と老人のマイナス点に反駁する大カトー

『老年について』は、そのテーマを「老年」に限っている点で、きわめてユニークな本です。しかも「老年」の意義を、この本ほど明言しているものも他にはありません。そのため、「老い」の意義を論じる場合には、何よりもまず参照されてきました。しかし、その際、注意が必要なことはすでに述べたとおりです。

この本で、キケロは内容だけでなく、形式に関してもプラトンを模範にしているようです。歴史的な人物が登場し、対話という形で「老い」の意義が雄弁に語られていきます。ちなみに登場人物は、通称「大カトー」と呼ばれていますが、正式にはマルクス・ポルキウス・カト・ケンソリウス（紀元前234～同149）です。

彼は85歳まで生きただけでなく、生涯現役で政治に携わっています。共和政ローマの代表的な政治家で、「英雄色を好む」を地で行くような人物です。プルタルコスは『英雄伝』のなかで次のように書いています。

健康と体力についていえば、彼は鉄のような体格をもっていて、長い間老いの降雨劇に抵抗しつづけた。たいへんな高齢に達してもなお性的欲望を満たし、結婚にふさわしい年齢をはるかに超えた年齢で再婚した。

プルタルコスによれば、「カトーは政治を放棄したり、政治活動を負担に思うほど、老け込まなかった」そうです。習慣として若い女の奴隷と寝ていたそうで、息子に注意されて、ある護民官の娘をめとったと言われています。何とも、「パワー老人」そのものですが、キケロはこのカトーを中心に、対話篇をつくりました。青年ふたりが対話の相手になっていますが、ほとんどがカトーの独演会といった雰囲気です。

内容としては、あらかじめ「老い」に関する否定的な意見を列挙して、それに反駁（はんばく）していく、という流れになっています。具体的には、老人がみじめに見える理由として次の4つを挙げています。

①あらゆる職から退かなくてはならないこと
②肉体が衰えること

③快楽がほとんど奪われること
④死が近いと感じること

これに対して、キケロが描くカトーは、それぞれを一つひとつ反駁していくのです。その内容は、まるでプラトンが「老人政治」を語ったことの繰り返しのように思えます。とりわけ最後の結論部は格調高い文章ですので、紹介しておきましょう。

仮に私たちが不死の存在にならないのだとしても、人はやはり、いつまでも生きようとはせずに、それぞれ適当なときに消え去ることが望ましいのだ。自然は他のすべてのことに限界をおくのと同じように、生きることにも限界をおくからだ。それに老年はいわば人生という芝居の大詰めなのだ。私たちは芝居に疲れたら、特に満ち足りて飽きてきたら、そこからさっさと逃げ出さねばならん。以上が、老年についての私の見解というわけだ。どうか君たちがいつか老境に達し、私から聞いたことにみずから思い当って、その正しさを証明してくれますように！

「老い」を自然なものとして受け入れていたセネカ

キケロは共和政の末期に政治に携わっていました。一方、それより100年ほど時代が下ったセネカのときには、すでにローマは帝政に移行していました。当時の時代背景を抑えるため、再びミノワの『老いの歴史』を見てみましょう。

紀元前1世紀からローマの帝政期を通じて、長老たち、つまり元老院の権力はしだいに低下していった。皇帝におだてられたり、脅されたりで、この厳めしい会議も政治力を失っていったのである。制度上、老人はもはやローマ世界を支配しなくなった。だが、個人的には皇帝をはじめ、多くの老人が重要な地位を占めていた。（中略）皇帝は側近として老政治家を起用し、その経験と知恵に信頼を寄せることが多かった。

セネカは、まさにこの老政治家の典型と言えます。彼は、ローマ皇帝のカリグラ（在位37〜41）やネロ（在位54〜68）の時代に政界に進出し、多忙な日々を送っていました。

ネロに対しては、その幼少期に家庭教師を担当し、ネロが皇帝になった最初の頃はブレーンとして政治を支えています。そのため、ネロは最初の5年間は善政を行った、と言われています。ところが、その後ネロの暴政が始まると、セネカは職を辞して隠棲し、ついにネロの暴政は収まることがなかったのです。

セネカは結局、ネロによって自殺に追い込まれることになります。政治家**タキトゥス**（55年頃〜120年頃）の『**年代記**』には、「ネロの残虐な性格であれば、弟を殺し、母を殺し、妻を自殺に追い込めば、あとは師（セネカ）を殺害する以外に何も残っていない」と記されています。このときセネカは69歳ですから、老年に達していました。

セネカは、その前の隠棲していた頃――61歳のときですが――友人に次のような「老い」の賛歌を書き送っています。

こうして、田舎に行ったおかげで、自分が年老いたことがどこへ目を向けても明らかになった。私たちは老年をいたわって愛することにしよう。老年は付き合い方さえわかれば、楽しみに満ちているのだから。果実がもっとも心を喜ばすのはその季節を過ぎ去る頃、若さがもっとも美しいのはそれが終わる頃。酒に溺れる人々の楽しみは最後の一口。それは飲み手を飲み込んで、酔いに仕上げの手を加える。

セネカが「老い」について語るのは、必ずしも多くはありませんが、セネカはストア派の哲学者として、「老い」を自然なものとして受け入れていたのは間違いありません。

自分で息を止めて死んだストア派の開祖ゼノン

そこで、時代は違いますが、セネカの考えを知るために、ストア派の生き方を紹介しておきます。ストア派の開祖はゼノンです。彼については興味深いエピソードが伝えられています。

ゼノンは98歳になるまで病気にかかることもなく、健康を保っていたのですが、**ある日、つまずいて倒れ、足の指を骨折したそうです。そのとき彼は、大地を拳で叩いて、「いま行くところだ」と言って、「自分の息の根を止めて死んだ」**と言われています。このエピソードについて、次のような記録が残されています。

このゆえに、ゼノンが最初に、『人間の自然本性について』のなかで、（人生の）目的は「自然と一致和合して（ホモログーメノース）生きること」であると言ったのであるが、そのことは「徳に従って生きること」に他ならなかったのである。なぜなら、自然はわれわれを導いて徳へと向かわせるからである。

これを書いた**ディオゲネス・ラエルティオス**（180～240）は、ゼノンからだいたい450年くらい下った時代の哲学史家です。

ここにあるようにストア派の生き方は、「自然に従って生きること」が基本なので、ローマ時代のストア派であるセネカもまた、「老い」を自然に従って受け入れようとするのです。しかし、その結果が、「ネロによって命を奪われること」になるのですが、セネカはこれもまた「自然」として受け入れたのでしょうか。

3. 社会の問題から個人の問題へと変化した「近代の老い」

ここまで見てきたように、ギリシア時代やローマ時代では、「老い」が語られるとき、政治とのかかわりが問題になることが多かったと言えます。つまり、**「老人政治」を正当化する文脈で、「老い」を意義づける**のです。アリストテレスの場合は批判的でしたが、それでもポイントになるのは、「老人」が政治に対して支配権を握ることへの批判でした。決して「老人」全般への批判ではありません。

その大きな理由は、政治家自身、あるいは政治への野望をもつ人々が、「老い」についても書いてきたからです。特権階級である「老政治家」が、そうすることで自己正当化を行ってきた、と言えなくもないですが……。

ところが、近代になると「老い」は個人的な問題となり、各人の生き方の問題として捉えられるようになります。老いていく自分自身を見つめ、どう生きていけばいいのか、悩むようになったのです。

　ここでは、その典型的なものとして、**モンテーニュ**（1533〜1592）と**パスカル**（1623〜1662）を取り上げることにしましょう。このふたりは、ともにフランスを代表する哲学者です。人間観察にもとづいて、軽妙なタッチで人間の真実を描いていく「モラリスト」と呼ばれています。両者の隔たりは100年ほどありますが、パスカルはモンテーニュから強く影響を受けています。

　パスカルの『**パンセ**』は、モンテーニュの『**エセー**』からの引用が多く、それをもとにして批判を展開することもあります。たとえば『パンセ』には、次のような有名な文章がありますす。一方で、その文章と類似したものが『エセー』にも書かれています。並べておきますので、よく見てください。

　人間は天使でもなければ、獣でもない。天使になろうとするものが、獣になるのは不幸である。（パスカル『パンセ』）

彼らは、自分自身の外に身をおこうとし、人間から脱出しようとする。愚かなことだ。彼らは、天使に身を変えようとしてかえって動物に変化する。（モンテーニュ『エセー』）

100年ほど離れて、パスカルがモンテーニュの考えを反芻しているのですが、そこには当然違いも生まれています。モンテーニュは60歳弱で亡くなり、パスカルは40歳手前で、この世を去りました。モンテーニュは「老い」について考察していますが、パスカルは年齢的には「老い」とは無縁のようです。とすれば、「老い」を考えるとき、ふたりの思想から何が明らかになるのでしょうか。

「老人」は近代になって忌み嫌われるようになった

モンテーニュやパスカルの考えの前提として、近代になって「老い」の受けとめ方がどう変わったのかを確認しておきましょう。古代の哲学者のなかでは、本章で見てきたようにアリストテレスが「老人」に対して批判的であった一方、プラトンやキケロ、セネカなどは「老い」を積極的に評価し、老人が政治を担う役割を正当化していました。

では、近代はどうなのでしょうか？

もちろん個々の人によって、違いはあります。しかし、全体的な趨勢を知っておく必要があります。たとえば、本書で何度も登場しているミノワの『老いの歴史』では、16世紀の宮廷人と人文主義者が「老い」についてどう考えたのか、語られています。

すぐに主張がわかるのは、宮廷人のほうです。ミノワは、次のように明言しています。

宮廷人が老人を嫌うのは容易に理解できる。若くてハンサム、礼儀正しく機知に富み、勇敢で決断力がある宮廷人には、老人に通じるものがない。

宮廷人は外面的な美しさを愛好するので、老人を忌み嫌うのは理解できます。

では、人文主義者はどうなのでしょうか。人文主義者は精神を重視するはずですから、宮廷人と同じ考えにはならない、と思われそうです。ところが、当時の人文主義者もまた、「老い」を排斥するのです。

宮廷人が老人を邪魔者扱いしたとしても、彼らの理想像がハンサムで、知的で、強くて、議論好き、というスーパーマンだったことを思えば容易に理解できる。しかし、人文主義者が老人を非難したのは驚きである。というのも、一般に聡明さと学識は老人の特権として認められ、それは人文主義がもっとも尊ぶものだったからである。ところが、16世紀の偉大な思想家たちは、老いが気に入らなかった。

さらに、若者を愛好して老人を忌み嫌うという傾向は、政治思想家たちのあいだでも広がっていたようです。「16世紀の政治思想家たちは概して若者の登用を望み、それは宮廷人や世間の意向に沿ったものだった」と『老いの歴史』には書かれています。つまり、**宮廷や思想家たちだけでなく、政治の世界でも若者が評価され、老人が忌避される対象になったのです。老人の位置は、近代になると古代とは逆転してしまった**わけです。

モンテーニュの「老い」に対する理解

モンテーニュの「老い」に関する考えが、よくわかる文章を見てみましょう。彼が35歳を過ぎた頃に書いたものです。『エセー』の第1巻に、「年齢について」という章があり、そのなかで次のように語られています。

どのような種類でもいいけれど、わたしが知るかぎり、人間のりっぱなおこないというのは、今も昔も、30歳以前のものの方が多いような気がする。というか、ひとりの人間をとっても、たいていそうではないのか。（中略）では、この私はどうかというならば、30歳をすぎて、心身ともに、増えるよりは減った、前進するより後退したのはたしかだ。なるほど、時間をじょうずに使う人ならば、年とともに、知識なり経験なりが豊富になるのかもしれない。でも、活発さや敏捷さ、それにねばり強さなど、人間本来の、とてもたいせつで、欠かせない能力は、色あせて、おとろえていく。

あえて注意するまでもありませんが、モンテーニュにしても、その時代の風潮と同じく、「老年」よりも「若さ」を評価しています。しかも、それを自分自身を観察することで確認しているのです。この態度は、彼の生涯を通じて変わりませんでした。

モンテーニュは後年（「40歳をとうに超えて老いの道に入り込んだいま」）になっても、「年齢は老衰に向かって流れていく」という、ローマ時代の哲学者**ルクレティウス**（紀元前99～同

55）の文を引用して、若い頃と現在の自分を対比しています。

しかし、注意しておきたいのは、モンテーニュのこうした自己認識が逆説的であることです。ボーヴォワールは、それを次のように表現しています。

モンテーニュの場合、彼自身は気づかないとしても読者の眼には、一目瞭然である奇妙な逆説（パラドックス）が存在している、すなわち、著者が年を取るにつれて、『エセー』がしだいに、豊かで内面的な、独創的で意味の深い書物になったということである。老いに関するこれらの痛烈で冷徹なみごとな文章は、とうてい三〇歳では書けなかったであろう。彼は自分を衰えたと感じるその瞬間において、もっとも偉大なのである。

したがって、「老い」に関するモンテーニュの文章を読むときは、二面的に読む必要がありそうです。つまり、一方でモンテーニュが語ったこと、もう一方でモンテーニュが語ることで示していることです。そう考えると、**直接的には「老い」を否定するように見える文章も、意外と「老い」の〝意義〟を示唆している**とも読めそうです。ここに『エセー』の面白さがあるのではないでしょうか。

老後こそつかむべき「快楽」のチャンス

それでは、肉体的にも精神的にも衰退への道を歩んでいる「老い」の時期に、人間はどう生きていけばいいのでしょうか。

まず、ネガティブな面から言えば、かつて家族を監督する役割を担ってきた老人が、その力を失うことです。モンテーニュは、次のように書いています。

老年には、いろいろな欠陥や無能力がつきものでして、ばかにするのに格好の標的なのですから、老年が手に入れられる最高のものは、家族の愛情ということになります。命令したり、こわがらせたりするのは、もはや老人の武器ではありません。

次に、ポジティブな面を考えてみましょう。家族への監督・命令はしないとして、老人はどう積極的に生きていけばよいのでしょうか。モンテーニュはそれを一言で、「快楽」と表現しています。たとえば、次の一文を読んでみてください。

昔のわたしは、重苦しくて陰鬱な日々を常ならぬものだとして区別して考えていた。ところが最近では、それがわたしにとってふつうの日々となり、うららかな晴れた日々が常ならぬものとなっている。やがては、全然苦痛がなければ、それだけでまるで珍しくごひいきにでもあずかったかのように、わくわくすることになるだろう。（中略）わたしは年齢よりも早く老いるくらいなら、むしろ、老年が短いほうがました。快楽のチャンスに出会えるものならば、どんな些細なものでも、わたしはぎゅっとつかんでやる。

この部分は、モンテーニュが50歳を過ぎてから書かれたもので、『エセー』の最後の第3巻に入っています。**「快楽」というと、日本語では肉欲的なイメージが強いのですが、フランス語の「volupté（ヴォリュプテ）」は、それだけでなく学問や芸術などの精神的な悦びから、飲食などの味覚的な悦びまでも含みます。**

したがって、この場合の快楽は「人生を楽しむこと」と表現したほうが誤解は少ないでしょう。実際、モンテーニュは最終章で次のように語っています。

人生を楽しむには、それなりのやりくりというものがあって、わたしなどは人の倍、人生を享受している。というのも、楽しみの度合いなるものは、それに対する熱心さ次第でもあるのだ。とりわけ最近など、残り時間が少ないことがわかっているから、そこに重みをかけることで人生を拡張したいと思っている。

この部分が、「老い」に対する結論と言ってもよいでしょう。**残された時間がますます短くなる老年において、「人生を楽しむ」ことがモンテーニュの指針となっていた**のです。

パスカルの「人間死刑囚論」と「気晴らし」の関係

モンテーニュよりも100年ほど時代が下った頃に登場するパスカルは、モンテーニュについて、「みだらな言葉」を使って下品である、と非難しています。たしかに、快楽を述べるとき、モンテーニュは〝下ネタ〟のような話をいろいろ語っていますので、敬けんなキリスト教徒のパスカルには許せなかったのかもしれません。

しかし、表面的な非難とは裏腹に、パスカルがモンテーニュの『エセー』から強い影響を受けていたことは、すでに述べておいた通りです。

パスカルは、モンテーニュが書いたことを想定したうえで、やや違った形でアプローチして独自の見方を提示します。ここでは『パンセ』に登場する、彼の「人間死刑囚論」を取り上げておきましょう。

ここに幾人かの人が鎖につながれているのを想像しよう。みな死刑を宣告されている。そのなかの何人かが毎日他の人たちの目の前で殺されていく。残った者は、自分たちの運命もその仲間たちと同じであることを悟り、悲しみと絶望とのうちに互いに顔を見合わせながら、自分の番がくるのを待っている。これが人間の状態を描いた図なのである。

私たちは皆、死を免れることはなく、しかも、しばしば他の人たちが死んでいくのを目撃します。その点では、パスカルの描いたイメージと変わりません。そして、このイメージにぴったりと符合するのは、若者より間違いなく老人たちでしょう。老人たちは、周りの知り合いの死に遭遇するたびに、近いうちに自分の番がくるのを不安のうちで待っているのです。

ところが、パスカルによれば、私たち人間（老人）は「死刑囚」であるにもかかわらず、これを見つめることに耐えられません。そこで、私たちは自分の悲惨な状況を考えないよう、そこから目を逸らし、「気晴らし」を求めることになるのです。この「気晴らし」は、モンテーニュの「快楽」や「人生の楽しみ」に当たるともいえます。

パスカルが言う「気晴らし」には、さまざまなものがあります。たとえば、釣りに出かけようとしている人に、「これから釣る予定の魚を今すぐ差し上げるので、釣りをやめたらどうか？」と提案したら、どんな反応が返ってくるでしょうか。「それはよかった」と言って、その人は釣りをやめるでしょうか。

そんなことはないですよね。もしかしたら怒りだして、「私は魚が欲しくて釣りに行くわけではないんだ！」と言うかもしれません。

つまり、**この人が釣りに出かけるのは、「魚」を求めているわけではなく、「気晴らし」を求めているから**なのです。

こうした「気晴らし」の事例をいくつか挙げてみましょう。子どもであれば、ゲームをする、スポーツをする、友人と会話するなどが浮かびます。しかし、それだけでなく、学校に行くことも、勉強することも、気晴らしなのです。実際、学校に行かず、何も勉強しなかったら、子どもたちはヒマでヒマで仕方ないでしょう。

もちろん大人であれば、お酒を飲んだり、ギャンブルをしたりすることは「気晴らし」ですが、仕事をすることも、恋愛することも、他人と対立することも、すべて「気晴らし」と言えます。**私たちは、「気晴らし」をすることで退屈な人生を何とかやり過ごしているのです。**

言うまでもありませんが、学者にとって研究することもまた、「気晴らし」にほかなりません。

パスカルは、子どもを殺害されて悲嘆に暮れている親を取り上げて、やや皮肉な指摘をしています。この親が裁判をし始めると急に生き生きとする、というのです。つまり、親のほうは裁判を闘うという「気晴らし」をやりだすうちに、そこに生きがいを見出したということになります。それがなかったら、残された長い時間を、ただ虚しく生きるほかないでしょう。

　ここから、パスカルが述べなかったことを提唱するならば、残された時間が少なくなった老人にとって、どんな「気晴らし」を見つけるかが課題と言えそうです。

　恋愛やいがみ合いも含めた人間関係でしょうか。あるいは、時間を忘れ何かに没頭できる活動でしょうか。逆に、こうした「気晴らし」が見つけられないとすれば、老後はとても退屈なものになるでしょうし、そういう人が早く「〃お迎え〃に来てほしい」と願うのかもしれません。

4. ショーペンハウアーを乗り越えたニーチェの前向きな「老後観」

次に、**ショーペンハウアー**（1788～1860）とニーチェの考える「老い」について、見ておきましょう。ふたりはともにドイツの哲学者ですが、年代的には50年ほどの隔たりがあります。ニーチェは大学生のとき、ショーペンハウアーに決定的な影響を受け、その後、徹底的に批判することになります。そのため、ショーペンハウアー抜きに、ニーチェを理解することはできません。

モンテーニュとパスカルが近代の暁（あかつき）のころに活動した哲学者であるとすれば、ショーペンハウアーとニーチェは夕闇が迫り来る、近代の黄昏期（たそがれき）の哲学者と言えます。彼らを通して、20世紀の思想が生まれてくるので、彼らの考え方に共感できる部分が多々あるかもしれません。

ただし、彼らのなかに「老い」を直接論じた著作があるわけではありません。ショーペンハウアーには『幸福について』という邦訳書がありますが、原題は「人生の知恵のためのアフォリズム」となっています。アフォリズムとは警句、戒めという意味。この本の最後の部分で、「老年期」を問題にしています。

それに対して、ニーチェの著作に「老年」をテーマにした箇所はなさそうなので、ショーペンハウアーとの対比で仮想的に論じることにします。言わば、ショーペンハウアーに対するニーチェの〝挑戦〟という意味で、「老い」の問題を考えるということです。

ショーペンハウアーの「幸福論」

ショーペンハウアーについて、あらかじめ簡単に紹介しておきましょう。

彼はカントの哲学から大きな影響を受けています。それとともに、彼より少し年長だったヘーゲル（1770～1831）に強烈な対抗心を抱いていました。ヘーゲル哲学は当時、ベルリンで隆盛をきわめていたのですが、ショーペンハウアーの著作は、一般的にはあまり評価されていなかったのです。そのため、ショーペンハウアーのヘーゲル批判は、ますます強まることになりました。

注意しておきたいのは、ふたりの対立は単なる個人的なものではなく、根本的には世界観上の対立と考えたほうがよいということです。

ヘーゲルを「オプティミズム」（楽天主義・楽観主義）と理解して、ショーペンハウアーは「ペシミズム」（悲観主義・厭世主義）を打ち出しました。**この苦悩から、ショーペンハウアーは、人生は不合理で苦悩に満ちている、と見なしています。この苦悩から、いかに脱出（解脱）するかが、ショーペンハウアーの生涯のテーマ**だったのです。

ショーペンハウアーの主著となるのは、1819年に出版された**『意志と表象としての世界』**です。この本は何度も改訂され、さらには続編も刊行されています。そのため、「ショーペンハウアーのアルファにしてオメガである（最初にして最後）」と呼ばれています。

ただ、ここで取り上げる**『幸福について』**は、やや趣向が違っています。彼が63歳の頃に出版した**『余録と補遺』**（1851）に含まれるもので、世間的にはこちらのほうが成功し、彼の名前が知られるようになりました。

問題なのは、ショーペンハウアーの『幸福について』が彼の主著とどのような関係にあるのか、という点です。というのも、読んだうえでの感想からすると、主著とはずいぶん違ったイメージを抱かされるからです。彼はどう考えていたのでしょうか。

> 幸福な生活とは何かといえば、純客観的に見て、というよりはむしろ、冷静にとっくりと考えてみたうえで、生きていないよりは断然ましだと言えるような生活のことである、とでも定義するのが精一杯であろう。（中略）さて人生がこういった生活の概念に合致しているかどうか、ないしはせめて合致することがありうるかどうかというに、この問いに対しては、読者もご存知のとおり、私の哲学は否と答えるのである。これに反して幸福論にはこの問いの肯定が前提となっている。つまり幸福論は、私の主著（中略）で非難しておいた人間生来の迷妄が基礎になっている。

これは序文の一節ですが、**ショーペンハウアーは「幸福論」が彼の主著と必ずしも整合的でないことを、堂々と認めている**のです。その点で、彼の「幸福論」や、さらには「老年論」には注意を要します。そこで、必要に応じて『意志と表象としての世界』から補いながら、彼の「老い」に関する考えを取り出すことにしましょう。

苦痛のない人生こそが幸福である

先に、ショーペンハウアーが幸福な生活とは「生きていないよりは断然ましな生活」と述べたことを確認しましたが、具体的には何を意味するのでしょうか。モンテーニュの場合は、快楽を求め、楽しい人生が幸福と考えられていました。ところが、ショーペンハウアーはそれとはまったく逆のことを主張しています。

私はアリストテレースが『ニコマコス倫理学』で何かの折に表明した「賢者は快楽を求めず、苦痛なきを求める」という命題が、およそ処世哲学の最高原則だと考える。

つまり、**快楽ではなく「苦痛を避けること」**。**これがショーペンハウアーの生きる上での最高原則**となるのです。ここから、ショーペンハウアーは「老年」において健康であることを重視します。

病気になれば、誰でも苦痛を感じますが、老年の場合、その傾向が増大します。若い頃は感じなかった肉体の不具合は、老いとともに常態になってしまうのです。そのため、老人の立場からすると、「苦痛を避ける」という原則に対して、多くの人が賛成するのではないでしょうか。

　では、健康であれば、老後の生活は幸福なのでしょうか。言いかえると、苦痛のない生活は、健康だけで達成されるのでしょうか。**ショーペンハウアーは、他の苦痛として、「貧困」を挙げています。**

　これは哲学者にしては現実的な考えだと思いますが、通常はあまり指摘されない点です。ことさら裕福になる必要はありませんが、貧困であることは生死を決する問題でもあります。そのため、ショーペンハウアーは次のように語っているのです。

> 老年期における貧困は非常な不幸である。貧困が征伐され健康が保たれていれば、一生のうちで老年期といわれる部分はけっこう苦にならぬ年齢期である。呑気にしていることと、安心していられることとが、老年期の主な欲求である。だから老年期になると、以前にもまして金銭を愛する。金銭が能力不足の補いとなるからだ。

こうした文章を見ると、哲学者としての格調高さを期待している人には、やや期待外れかもしれません。しかし、逆に、通常の哲学者とは違った視点を確認できるのではないでしょうか。**健康と金銭、これが老年期においてきわめて重要**であることは否定できません。

こうしたショーペンハウアーの議論を読むと、快楽を求めたり、欲望を実現しようとしたりするような、積極的な意欲が否定されているのがわかります。そのため彼は、**老齢期にさまざまな欲望や積極的な意欲が減衰することを逆に評価する**のです。それまで、老人といえば「意欲」がなく、生命力に欠けると非難・嘲笑されてきました。ところが、ショーペンハウアーによれば、そうした老人の特質は、むしろ積極的に評価されるのです。

こうした考えの基本には、実は『意志と表象としての世界』の思想が控えています。ショーペンハウアーは、人間を根本的に規定しているのは「意志」と考えていますが、これは同時に欲望のように、〝煩悩〟として人間を苦しませるのです。そのため、こうした意志を否定することが課題となります。

意志にとっては今や、自己の肯定と見なされるいろいろな快楽が身震いするほど恐ろしくなる。こうして人間は自発的な断念、捨離、真の心の沈着、そしてさいごに完全な無意志の状態に達することになろう。（中略）われわれ普通人の場合にも、自分の苦悩があまりに重苦しく感じられるときとか、他人の苦悩がいかにもなまなましく認識される折りなどに、ときどき生の虚無性と辛酸さが迫ってくることがある。このようなときわれわれは断固として徹底した諦念を通じてあらゆる欲情の刺をつみ取り、いっさいの苦悩への入り口を閉ざし、自らを浄化し聖化したいと念ずるようになるであろう。

こうしたショーペンハウアーのペシミストとしての感覚からすると、老齢期は青年期に比べ、意欲は減退し、欲望からも離れている点で、望ましいと考えたのでしょう。

人生の「否定」から「肯定」へと転向したニーチェ

前述したように、ニーチェは当初、ショーペンハウアーから強い影響を受けていました。それが如実に表れているのが、デビュー作の『**悲劇の誕生**』（1872）です。同書で、古くから伝えられてきた神話を使って、ショーペンハウアーと自分の考えを表現しています。

ミダス王は、ディオニュソスの従者たる賢者シレノスを久しく森の中で追い廻したが、彼を捕らえることができなかった。彼が遂に王の手中に陥ったとき、王は尋ねた。人間にとって最善最上のことは何であるかと。この魔性のものは凝然と不動のまま黙していたが、王に強制され、遂に鋭い哄笑とともに突如次の言葉を浴びせたのであった。「哀れ、蜻蛉の生を享けし輩よ、偶然と艱苦の子らよ、汝にとって聞かぬがもっともためになることを、何とて強いて俺に語らせるのだ？　汝にとって最善のことは、とても叶うまじきこと、すなわち生まれなかったこと、存在せぬこと、無たることだ。しかし汝にとって次善のことは、——まもなく死ぬことだ」と。

この話で示されているのは、「生きることが苦しみ」であり、この苦しみからいかに脱却するかが重要である、という「ペシミズム」の思想です。もともとはショーペンハウアーの思想ですが、ニーチェは若いとき、これに心酔しました。こんなに苦しい人生なら、生まれてこなかったほうがよかったのではないか。このように考えたわけです。

ニーチェは『**悲劇の誕生**』において、こうした苦しみから脱却する手段として音楽（芸術）を考えました。音楽によって人生の苦しみから救済される、こう考えたのです。一般の人であれば、お酒などで気を紛らわせるところでしょう。

しかし、こうした音楽による救済という考えを、その後ニーチェは批判して、人生そのものを肯定する方向へ向かいます。この考えにもとづいて構想されたのが、『ツァラトゥストラ』（1883）という作品です。しかし、ニーチェは一転どうして「生きること」を肯定するようになったのでしょうか。

それはショーペンハウアーのペシミズムに潜むパラドックスに気づいたからです。というのは、ペシミズムの考えでは、「人生は苦しく、それから脱却することが望ましい」のですが、「ならばどうして、死なずに生きているのか」がわかりません。

そこで、**ニーチェはペシミズムを「弱さの思想」と呼び、拒否した**のです。

森の老人とツァラトゥストラ

ニーチェの『ツァラトゥストラ』は、ショーペンハウアーの「ペシミズム」から脱した独自の思想を展開します。その始まりの部分に、ツァラトゥストラと森の老人の会話があります。

ツァラトゥストラはただひとり山をくだって行った。誰にも出会わなかった。しかし、森にはいるとその前に、不意に白髪の老人があらわれた。老人は、森へ草木の根をもとめて、俗世間をはなれた自らの聖い庵（いおり）から出てきたのだった。その老人は、ツァラトゥストラにこう語った。

「この流離（さすら）い人は見たことがある。何年も前に、ここを通りすぎて行った。名はツァラトゥストラ。しかしこの人はまるで変ってしまった。

あのとき、君はみずからの遺灰を山に運んでいった。今日は、みずからの火をあまたの谷へ運ぼうとするのか。火を放った者として受ける罰を、君はおそれないか。

そうだ、これはたしかにツァラトゥストラだ。しかし今、その眼は澄んでいて、その口には嫌悪の嘔吐（えず）きがない。だから、ひとりの舞踏者（ダンサー）のように歩んでいくのではないか。

変わったのだな、ツァラトゥストラは。子どものようになった、ツァラトゥストラは。

めざめたのだ、ツァラトゥストラは。（後略）

これは、一度山に入り、そこで自分の思想を形成したツァラトゥストラが、山から下りて、世間の人間たちに自分の思想を教えに行く場面です。その途中で、「老人」に出会うわけです。この老人は、ツァラトゥストラが山に登ったときも知っていて、その後、彼が下山するとき遭遇しました。

注目したいのは、この老人は、新たな思想をこれから広めようとするツァラトゥストラにとって、よき理解者であることです。彼を、「舞踏者（ダンサー）」と表現し、「子ども」のようになったと述べています。これは、その後、ツァラトゥストラが「超人思想」として語ることの予告となっています。

ニーチェは人間を超えていき、超人になることを強く主張するのですが、この超人のあり方を「子ども」や「舞踏者（ダンサー）」として規定しました。子どものように遊び、「舞踏（ダンス）」するように軽やかに生きることが、「超人」のあり方だとしたのです。

こうした規定が老人の口から語られています。老人は、ツァラトゥストラのうちに、超人の特性である「子ども」「舞踏者（ダンサー）」を見出しました。ツァラトゥストラが超人であるとすれば、老人はそのよき理解者と言えるでしょう。
だからこそ、ツァラトゥストラが老人と会話したあとで、ふたりが別れるとき、ニーチェは次のように書いたのです。

こうしてこの老人とこの男（ツァラトゥストラ）は別れた。ちょうど二人の少年が笑いあうように笑って。

老人もツァラトゥストラも、「少年」とされ、いわば仲間として笑い合ったのです。
これは読み込みすぎかもしれませんが、私としては、ニーチェが『ツァラトゥストラ』の冒頭で語った「白髪の老人」を、新たな思想を説く成人に対するよき理解者と解釈したい。そして、それこそがニーチェが老人に求めた役割だったのではないでしょうか。

第4章

老人にとって、真の「幸福」とは何なのか？

main characters

Sartre

Foucault

Kuki Shuzo

Heidegger

Aristotle

みなわたしを年寄り扱いする。わたしは屁とも思わないがね。なぜかって？　年寄りは年寄りだということを、自分では決して感じないからだ
——サルトル

1. 「老い」への態度を逆説的に示す3大幸福論における〝不在〟

老いを迎えた人にとって、幸福をどう考えたらいいのでしょうか。

というのも、現代人は老いることを極端に嫌い、日々「アンチエイジング」に勤しんでいるように見えるからです。つまり逆に言えば、「老いることは不幸」だと考えているということでしょう。

そのためでしょうか、3人の哲学者、すなわちイギリスの**ラッセル**（1872〜1970）、フランスの**アラン**（1868〜1951）、そしてスイスの**ヒルティ**（1833〜1909）による、**いわゆる現代の「3大幸福論」と呼ばれる書物には、「老い」に関する議論がほとんどありません**。当然、「老い」そのものは、今のところ誰にとっても、避けられないことです。万一それが不幸だとすれば、とても悲しいことのように思えます。

そもそも私たちは、「老い」と「幸福」の関係をどう理解したらいいのでしょうか。あらためて考えてみると、どうしたら幸福になれるかは、古今東西さまざまな言説が語られています。その根拠がどこにあるかは別にして、すべての人間が（もちろん老人も含めて）幸福を求めていることは否定できません。パスカルは次のように語っています。

すべての人は、幸福になることをさがし求めている。それには例外がない。どんな異なった方法を用いようと、みなこの目的に向かっている。ある人たちが戦争に行き、他の人たちが行かないのは、この同じ願いからである。この願いは両者に共通であり、ただ異なった見方がそれに伴っているのである。（中略）これこそすべての人間のすべての行動の動機である。首を吊ろうとする人たちまで含めて。

老いとは「他者の侵入」だった！

それでは、「老い」に向かう人にとって、何が幸福となるのでしょうか。

「老い」の幸福を考えるために、手はじめにサルトルの思想を取り上げることにしましょう。というのも、サルトルは『老い』の著者であるボーヴォワールと私生活においても、思想においても長年協力してきたからです。サルトルの年老いた姿は、ボーヴォワールが「老い」を考えるうえで重要なヒントになっていました。

周知のことかもしれませんが、実存主義を唱えたサルトルは、フランスの哲学者・小説家・劇作家であり、『**存在と無**』『**弁証法的理性批判**』などの哲学書、『**水いらず**』『**嘔吐**』などの小説、『**出口なし**』『**悪魔と神**』などの戯曲、さらには評論・作家論・自伝など、膨大な著作を残しています。

第2次世界大戦が終結した1945年に、哲学者**メルロー＝ポンティ**（1908〜1961年）らと雑誌『レ・タン・モデルヌ』を発行。この雑誌に多くの作品が掲載されて、サルトルの思想はフランスのみならず世界中を席巻することになり、日本においても、とくに若者に多大な影響を与えました。

1960年前後から1970年代にかけての安保闘争、ヴェトナム反戦運動、大学闘争など、当時の様子を知っている方なら、どれほどサルトルの思想・作品・発言が注目されたか、記憶に残っていることでしょう。

サルトルがボーヴォワールと出会ったのは24歳のときのこと。その後、1966年9月に彼女とともに来日し、東京と京都で講演会が開催されました。会場に入りきれないほどの人が詰めかけ、いずれの講演内容も有識者のあいだで論議の対象になりました。

サルトルは3歳のときに右目を失明したとされていますが、真偽のほどは定かではありません。ただ右目が強度の斜視であったことはたしかで、1973年に発作を起こしたことを契機に左目の視力も失い、この頃、両目ともほぼ失明したと伝わっています。

失明したことによって自力による執筆が不可能になったサルトルは、**「要介護者として他者に助けられながら生活するなかで、身体には自らの主体性（自我）の延長としての意味があり、そこに不自由を抱えることは、それを失うという苦痛である」**と述べました。こうした気づきから**「老いは他者の侵入」**と表現したとされています。

サルトルの人生は、一時的なマルクス主義への傾倒、作家**カミュ**（1913〜1960）との論争、構造主義を唱えた**レヴィ＝ストロース**（1908〜2009）との対立など、さまざまな逸話に彩られています。

なかでも**1964年にノーベル文学賞に選出されたものの、「作家は自分を生きた制度にすることを拒絶しなければならない」という理由でこれを拒否。**ノーベル賞を初めて辞退した人物としても知られています。サルトルは同様の理由で、レジオンドヌール勲章などの公的な賞をすべて辞退しました。

「実存は本質に先立つ」サルトルの実存主義の意味

そんな常に時代の寵児(ちょうじ)であったサルトルは、いったいどんな思想を提唱したのでしょうか。ちょっと老いから外れますが、それを理解するため、実存主義流行のきっかけとなった講演録『**実存主義とは何か**』(1946)を取り上げることにしましょう。

この講演は、第2次世界大戦が終わった直後にパリのクラブで開催され、会場は人びとであふれていたそうです。講演の表題は、「実存主義はヒューマニズムか?」というものでしたが、出版する際に「実存主義はヒューマニズムである」と断定形に変更されました。これがオリジナルの表題になります。以降、サルトルの実存主義は、長いあいだ世界的にひとつの潮流を形成してきました。

ではサルトルは、実存主義者として何を主張したのでしょうか。サルトルは実存主義を定義するために、キリスト教的実存主義の流れと無神論的実存主義の流れを区別したうえで、次のように説明しています。

この両者に共通なことは、「実存は本質に先立つ」と考えていることである。あるいはこれを、「主体性から出発せねばならぬ」といいかえてもよかろう。

「実存は本質に先立つ」というのが、サルトルの実存主義の原理です。では、この意味はどう理解したらいいのでしょうか。

サルトルは、ペーパーナイフを例にして説明しています。たとえば、ペーパーナイフをつくるとき、製作者はその設計図にしたがってつくっていきます。その際、設計図が「本質」とされ、実際に出来上がったペーパーナイフが「実存」とされます。つまり、ペーパーナイフの場合、「本質(設計図)が実存(ペーパーナイフ)に先立つ」わけです。

このように人工物はもちろんのこと、動植物などの自然も「本質が実存に先立つ」とサルトルは言います。と言うのも、**生物の場合は一般的な本質があって、その本質にしたがって個々の生物が発生する**からです。現代の言葉を使えば、生物のDNA、あるいはゲノムにしたがって、個々の生物が発生するということになります。

それに対して、人間の場合は、そうしたあらかじめ決められた「本質」が存在しない、とサルトルは考えています。

実存が本質に先立つとは、人間がまず先に実存し、(中略)そのあとで定義されるものだということを意味するのである。実存主義の考える人間が定義不可能であるのは、人間が最初は何ものでもないからである。人間はあとになってはじめて人間になるのであり、人間はみずからつくったものになるのである。(中略)人間はみずからつくるところのもの以外の何ものでもない。以上が実存主義の第一原理なのである。これがまたいわゆる主体性である。

一見したところ、きわめて明確な対比だったので、サルトルの説明は多くの人によって繰り返し使われています。

「実存」とか「本質」という概念は、伝統的に「存在」の意味として分類されていました。日本語で考えると、「存在(ある)」という言葉は、「〜がある(現実存在)」と「〜である(本質存在)」のふたつに分けられ、前者が「実存」、後者が「本質」というわけです。サルトルは、人間のあり方を特別視して、「実存は本質に先立つ」と述べたのです。

ただし、**サルトルの議論のポイントは、こうした定義から人間のあり方を、「人間はみずからつくるものである」と考えたこと**です。それは何を意味するのでしょうか。

「若者の行動原理」としての実存主義

具体的に考えてみましょう。たとえば、ナチス占領下のフランスで、レジスタンス運動に加わり自由解放のために闘うか、それともナチスに協力して優遇される生活を送るか、という選択肢があったとします。サルトルによれば、この選択をするのは本人自身であり、どちらのあり方を自分の「本質」とするかは、本人の選択によるとされます。これをサルトルは、**「君は自由だ。選びたまえ。つまり創りたまえ」**というのです。

自由な実存的選択によって、人間は自分のあり方を創造していく――これがサルトルの描く人間像です。

ここでサルトルの実存主義の考えを、時間という観点から捉え直しておきましょう。サルトルは、ハイデガーの「投企」という概念を使って、次のように説明しています。

われわれは人間がまず先に実存するものだということ、すなわち人間はまず、未来にむかってみずからを投げるものであり、未来のなかにみずからを投企することを意識するものであることをいおうとする。（中略）人間は苔や腐蝕物やカリフラワーではなく、まず第一に、主体的にみずからを生きる投企なのである。この投企に先立っては何ものも存在しない。

ここで明らかなように、**サルトルの実存主義は未来志向型の思想であり、現在の意味を常に未来に置く**のです。何かが実現しても、つねにその次は何か、どうするか、といったことが問題になります。未来に向けた投企は、決して一回で完結するわけではなく、その都度、未来に向けたプロジェクトが計画されているのです。

こうした態度は、サルトルの死の間際まで続いていたと言えます。彼が亡くなる1カ月前に行ったフランスの哲学者**レヴィ**（1945〜2003）との対談『**いまこそ、希望を**』（1980）のなかで、彼は従前と同じことを語っています。

希望というのは人間の一部をかたちづくっている、とわたしは考えるわけだ。人間行動は超越的だ。つまり人間行動は、いつでも現在から出発して、未来の対象（目的）を狙う。われわれは現在のなかでその行動を考え、これを実現しようと努めるのだが、人間行動はその目的、その実現を未来に置く。だから、行動する仕方のうちに希望が、つまり実現されるべきものとして目的を設定するという事実そのものが、存在する。

サルトルがこれを語ったのは、75歳のときです。ほとんど失明状態で他の人に介助してもらわなくては、移動できない状態でした。それにもかかわらず、彼は未来への行動を語り、希望を強調しているのです。

こうした態度は、一般的には若者や青年の行動原理のように思えます。というのも、本書でも説明したように、若者の場合、過去の時間に比べて、未来の時間は無限に広がっているからです。今のところ、まだ何もなしとげていなくても、自分の目的は未来にしかありません。それを実現しようと考えるのが、希望にほかならないのです。

ならば、老境のサルトルが、どうしてこんな希望を語ったのでしょうか。

サルトルには「老い」の自覚がなかった！

実を言えば、**サルトルはこの対談において「老人」という自覚がない**のです。サルトルの当時の状態から考えると、おそらく信じがたいかもしれません。ただ何よりも、次の対話を見てください。

レヴィ　老いの経験が、あなたの考えを変えさせている原因か？

サルトル　違う。みなわたしを年寄り扱いする。わたしは屁とも思わないがね。なぜかって？　年寄りは年寄りだということを、自分では決して感じないからだ。老いを外から眺めている人において、老いが何を意味するか、これは他人をとおしてわたしにもわかるが、自分の老いは感じられない。だからわたしの老いとは、それじたいでわたしに何かを教えるといったものじゃない。

これは、いかにもサルトルらしい、率直な心情の告白だと思います。しかし、サルトルだけでなく、同じように感じている人は少なくないかもしれません。しかも、こういった語りはあまり見かけませんので、もう少しサルトルの発言を見ておきましょう。対談の続きの発言です。

わたしに何かを教えるのは、わたしに対する他の人々の態度だ。言いかえれば、わたしが他人に対して年を取っているというので、ものすごく年を取っているということになる。老いとは、他人が感じとるわたしの現実であって、彼らはわたしを見て「あのじいさん」と言っている。もうじき死ぬということで親切にしてくれるし、うやうやしくもしてくれる。つまり、わたしの老いとは他人のことなのさ。

サルトルの『存在と無』の言葉を使えば、**「老い」は私の「対他存在」としてのあり方で、自由で実存的な「対自存在」としては、「年寄り」だとは感じていない**、というわけです。これは、サルトルの一貫した態度なので、さすがというほかありません。
ただ、こうした態度をとりうる老人が、はたしてどれほどいるのか、やはり考えてみなくてはなりません。下手をすると、「年寄りの冷や水」と言われかねませんから、よくよく態度には注意したいものです。

若いときのままではなく年を取ると、できなくなることが多々出てきます。体には変調が起こり、どこかが痛かったり、ものごとが思い通りにならなかったりします。お酒を飲めば、酔いのまわりが早く、歩くのも千鳥足になってしまいます。知っていたはずの単語がすぐには思い出せず、「あれ」「それ」などと言って、ごまかすこともあります。

こうしたさまざまな変調は、必ずしも対他存在というわけではなさそうです。逆に、こうした**「今までできていたことが、次第にできなくなる」**。**これを自覚したとき、「老いの自覚」が始まる**のではないでしょうか。

こうなると、サルトルのように、「現在の意味を未来に置く」ことができなくなります。あるいは、それとは違う態度が、少しずつ出てくるというべきでしょうか。それを理解するために、サルトルよりも少しあとの世代の哲学者、フーコーの思想を考えてみましょう。

2. フーコーが批判されても貫き続けた「貫かない」生き方

サルトルに対して、ミシェル・フーコーの思想を取り上げると言うと、哲学をかじったことがある方だったら、「実存主義」ＶＳ「構造主義」といった対比を思い浮かべられるかもしれません。

しかし、ここで考えたいのは、人口に膾炙（かいしゃ）した対比の構図ではなく、フーコーが亡くなる年に発表した対談です。

これは、通常は「生存の美学」と訳されています。「生存」の原語は「existence」ですので、サルトルの「実存（existence）」と同じです。ですので、あえて**「実存の美学」**と表現しておきます。

フーコーの「実存の美学」は「老い」について語ったものではありませんが、エイズのために死を自覚していたフーコーの言葉は、死を控えた老年の哲学者の言葉として読むことができるように思えます。

軽やかに〝変節〟していく哲学者フーコー

あらかじめ、フーコーという哲学者のスタイルを理解するために、彼の思想的な変化に沿って簡単に紹介しておきます。というのも、**フランスの現代哲学者のなかでフーコーほど思想を変えていった人物はいない**からです。

まず彼は、実存的人間主義の立場に立って、精神医学や心理学について論じています。この頃の著作が、『**精神疾患とパーソナリティ**』です。

ところが、1960年代に構造主義が社会的に流行するようになると、『**狂気の歴史**』を出版しています。このなかでフーコーは、構造主義的な方法に言及し、その問題設定から狂気の歴史を描いています。

こうした構造主義の立場が明瞭に表明されているのは、1966年に出版された『**言葉と物**』です。

この本は、構造主義がフランスで大流行していたときに出版されたこともあって、「プチパンのように売れた」と言われています。この著作の最後に、「人間は波打ちぎわの砂の表情のように消滅する」と述べた文章はことのほか有名で、「人間の死」の哲学者として一世を風靡しました。

しかし、構造主義の流行も終わりを迎える1970年代になると、フーコーは「権力論」と呼ばれる新しい思想を提示して、『監獄の誕生』や**『性の歴史』**第1巻である**『知への意志』**（1976）を出版します。

この頃の思想は、一般に「ポスト構造主義」と呼ばれ、フーコーはその代表者と見なされたのです。

ところが、それ以降の8年ほどは大きな出版物がないまま、1984年になって突如、『性の歴史』の第2巻と第3巻が出版されたのです。その出版と同じ年に、フーコーはエイズで亡くなります。当時の一般的な認識においては、哲学者の死として、その点も話題になりました。

「同じままであり続けろ」と言わないでくれ

フーコーは自分の思想を何度も変えていることについて、何か説明しているのでしょうか。一般的には、考えをコロコロと変える人は「風見鶏(かざみどり)」と表現され、思想家としてはあまり信用されません。フーコーは、どう考えていたのでしょうか。

1969年に出版された『**知の考古学**』のなかで、フーコーは皮肉交じりの形で、それについて答えています。そのころフーコーは、かつての「構造主義」の立場を捨てて、新たな立場に移っている、といって世間で非難されていました。それを想定して、次のような仮想の質問を書いています。

――あなたは、自分が語っていることに確信がないのか。あなたは、再び変化し、あなたに提出された問いに対して自らの位置を変えて、実は反論の数々は自分が態度を表明している場所に向けられてはいないのだと言おうとしているのか。あなたはまたしても、自分は決して巷で非難されているような者であったためしはないと言う準備を整えているのか。あなたはすでに逃げ道をしつらえているのだ。そしてそれによって、自分の次の書物のなかでまた別の場所に突然現れて、今あなたがやっているようにあざけろうとしているのだ。いやいや私はあなた方が私を待ち構えている場所にではなくここにいるのだ、そして私はここからあなた方を笑いながら見ているのだ、と。

とても屈折した表現ですが、フーコーに対する世間の眼差しをよく捉えています。これにフーコーは、どう答えたのでしょうか。

私が誰であるかと訊ねないでくれたまえ。私に同じままであり続けるようにと言わないでくれたまえ。それは戸籍の道徳であり、我々の身分証明書を規制している道徳である。書くことが問題であるとき、そのような道徳は我々を自由にしておいてほしいものだ。

この仮想問答が、フーコーへの非難に対して、有効に働いたかどうかはわかりません。「世間なんてそんなもの」と言えばそれまでですが、フーコーの思想の変化に対して、説明してほしいと思う気持ちは否定できないでしょう。
ところがフーコーは、亡くなる直前にも再び同じような答え方をしています。

晩年まで好奇心のおもむくまま思索し続ける

フーコーは1976年に『性の歴史』の第1巻『知への意志』を出版したあと、先述のように長い沈黙があり、その続巻がなかなか刊行されませんでした。第1巻が大成功を収めたので、多くの人はかたずをのんで待っていたのです。そのため、『知への意志』の出版から8年後に第2、3巻が出版されたとき、いやがうえにも期待が高まっていました。

ところが、実際に出版された書物を手にとって、世間の人々は軽い驚きとともに大きな失望を味わいました。8年前に予告されていた内容とまったく違っていたからです。

フーコーが得意とするフィールドは、ヨーロッパの近代、およびその前の時期です。いわば、近代の成立史を描くのがフーコーの仕事と言っても過言ではありません。ところが、新たに出版された続編のテーマは、なんとギリシア時代とローマ時代だったのです。

それだけではありません。**フーコーは以前から、サルトル流の「実存主義」を厳しく批**

判していたのですが、新たな本では、「主体性」が強調され、「生存（実存）の技法」という概念が提唱されていたのです。これでは、かつて自分が批判していた「実存主義者」になったかのようではないか――こんなふうに疑われたのです。

こうした疑問や批判に対して、フーコーは何と答えているのでしょうか。フーコーは『性の歴史』第2巻の『**快楽の活用**』の序文において、巷の喧騒を予測していたかのように、こう述べています。

私を駆りたてた動機はというと、（中略）ごく単純であった。ある人々にとっては、私はその動機だけで充分であってくれればよいと思っている。それは好奇心だ。――ともかく、いくらか執拗に実行に移してみる価値はある唯一の種類の好奇心である。つまり、知るのが望ましい事柄を自分のものにしようと努めている好奇心ではなく、自分自身からの離脱を可能にしてくれる好奇心なのだ。（中略）はたして自分は、いつもの思索とは異なる仕方で思索することができるか、いつもの見方とは異なる仕方で知覚することができるか、そのことを知る問題が、熟視や思索をつづけるために不可欠である、そのような機会が人生には生じるのだ。

ここでフーコーは、今までとは別の方法で考えること、今までとは異なるやり方でものを見ること、こうした「好奇心」について語っています。こうした**好奇心が晩年のフーコーの原動力となっていた**のです。

「自分自身の生を個人的な芸術作品にする」

では、フーコーが晩年に表明した「生存（実存）の技法」「生存（実存）の美学」とは、どんなものなのでしょうか。フーコーはこれを、西洋のキリスト教世界以前の、古代ギリシアやローマ時代に見出しています。フーコーは「生存（実存）の美学」（1984）という対談のなかで、次のように説明しています。

古代からキリスト教へと移行する過程で、本質的に個人的な倫理の探究であった道徳から、規則体系に対する従属としての道徳へ移るのです。そして、わたしが古代に興味をもったのは、一連の理由から、諸規則の法規（コード）に対する従属としての道徳という考え方が、現在、消滅しつつあり、すでに消滅してしまったからです。そしてこうした道徳の不在に応え、かつ応えるべき探究とは、〈生存（実存）の美学〉の探究なのです。

簡単に言えば、**「自分自身の生を個人的な芸術作品にする」**ということです。芸術作品をつくり出すことではなく、自分自身の生き方をひとつの芸術作品とするわけです。これを語るとき、フーコーは「道徳」という言葉の多義的な使い方をしています。ひとつは**「規則体系に従属することとしての道徳」**であり、もうひとつは**「個人的な倫理の探究としての道徳」**です。キリスト教が前者で古代が後者とされます。

フーコーによれば、現代においてはキリスト教的な道徳、つまり「規則への従属」のようなものが消滅しているので、古代のように、「個人的な倫理の探究」が必要というわけです。『快楽の活用』では、次のように説明されています。

《生存（実存）の技法》は熟慮や意志にもとづく実践であると解されねばならず、その実践によって人々は、自分に行為の規則を定めるだけでなく、自分自身を変容し個別の存在として自分を変えようと努力し、自分の生を、ある種の美的価値をになう、また、ある種の様式基準に応じる一つの営みと化そうと努力するのである。

あえて注意するまでもありませんが、「生存（実存）の美学」というのは、集団的なものではなく、あくまでも個々人が自分自身の生き方を、どのように練り上げていくのか考えるものです。

フーコーが「生存（実存）の美学」を提示したとき、必ずしも「老いの生き方」として述べたわけではありませんが、私はこの考えが、現代の老人にとって、大きな示唆を与えるように思えます。**「自分の人生をひとつの芸術作品に仕上げる」ことが、老年期において人間が探究すべきこと**のように感じるからです。

3. 九鬼周造の「いき」な生き方は、日本人のモデルになる！

前項まで、古代から現代に至るまで西洋の哲学と老いの関係を見てきました。ここで趣向を変えて、日本人哲学者による、日本人にとっての「老いの生き方」を考えることにしましょう。

私の念頭にあるのは、**九鬼周造**（くきしゅうぞう）（１８８８〜１９４１）です。九鬼は日本人の哲学者のなかで、最も西洋的に洗練された哲学者と言えますが、同時に日本的な美や文化へのこだわりもとても強い人物です。父親は、文部官僚で男爵だった九鬼隆一（くきりゅういち）ですが、母親は周造を妊娠中に、思想家・美術評論家の**岡倉天心**（おかくらてんしん）（１８６２〜１９１３）と深い仲になってしまったのです。こうした複雑な関係が、彼の精神を形成したと言えるでしょう。

サルトルやフーコーとの関係でいえば、ふたりが使っている**「existence」という言葉**

を日本語として「実存」と訳したのが九鬼周造でした。彼は長いあいだ、ドイツやフランスに留学しており、フランス滞在中にフランス語の教師として雇っていたのが、当時学生だったサルトルです。サルトルは、九鬼との会話のなかで、ドイツのハイデガーやフッサールの哲学について、情報を得ていたといわれています。

また、フーコーとの直接的な人間関係はありませんが、「生き方を美的に仕上げる」という考え方は、共通していると思います。**フーコーが「生存（実存）の美学」と呼んだもの――それを日本人の美的感覚にもとづいて、「いき」という日本語を手引きに構想したのが九鬼周造の思想**と言えるでしょう。

ヨーロッパ滞在時に生まれた「いき」の思想

外国の哲学者はよく知っていても、意外と日本の哲学者のことは知らないという方も多いかもしれないので、少しばかり九鬼の歩んだ道について説明しておきます。彼はもともと東京生まれなので、東京帝国大学大学院を途中でやめるまで東京にいました。その後は、1921年からヨーロッパ諸国へ、およそ8年間留学することになります。

当時ヨーロッパで最も哲学研究が活発だった、ドイツ（ハイデガーなど）やフランス（ベルクソン）の哲学者たちから学ぶだけでなく、彼らに日本の美意識や文化などを語っていたようです。

そして、ドイツから帰国してから亡くなるまで、京都帝国大学で教鞭をとりました。教育者としての活動期間は12年ほどでしたが、該博な知識と研ぎ澄まされた美意識とによって、大学でも際立った存在でした。とくに、二度目に結婚した相手が祇園（ぎおん）の芸妓（げいぎ）だったこともあり、「祇園から帝大に通う哲学教授」として有名だったようです。

主な著書としては、博士論文をもとにした『**偶然性の問題**』（１９３５）や『**「いき」の構造**』（１９３０）、『**人間と実存**』（１９３９）などがあります。

ここで注目すべきは『「いき」の構造』です。これは、九鬼がヨーロッパに留学中に構想したもので、当時学んでいたハイデガーなどに、その考えを話していました。１９５０年代半ばに、ハイデガーのもとを訪れた日本人との対話が公表されており、そのなかで九鬼のことが話題になっています。中身を見てみましょう。

日本人　九鬼周造伯爵のことをご存じですね。あなたのもとで何年間か学びました。

問う人（ハイデガー） 九鬼周造伯爵は、常々、思い出しております。

日本人 亡くなられたのが早すぎました。師に当たる西田（幾多郎）は、九鬼のために墓碑を書いたのですが、自分の弟子に対するこの最高の顕彰の仕事に一年以上をかけました。

問う人（ハイデガー） 九鬼のお墓と、そのお墓がある杜（もり）の写真を何枚か持っています。とても嬉しいことです。（中略）

日本人 何といっても、九鬼の省察はあげて、日本人が「いき」と呼ぶものに向けられていました。

問う人（ハイデガー） この語が何を言うのか、わたしには、九鬼との対話では、いつもただ遠くからおぼろげに感じられるだけでした。

日本人とハイデガーとの対話が、はたしてうまくかみ合っているかどうかは別にして、少なくともハイデガーが九鬼周造を懐かしみ、彼らが「いき」に関する議論をしていたことがわかります。では、九鬼がハイデガーにも説明していた「いき」というものを、いったいどう理解したらいいのでしょうか。

「媚態」「意気地」「諦め」という「いき」の3要素

九鬼は、どうして「いき」という問題を考えるようになったのでしょうか。彼によれば、**「『いき』とは畢竟わが民族の『生き』かたの一つではあるまいか」**としています。つまり、「いき」という現象は、「日本人の生き方」にかかわる問題として解明されているのです。

九鬼はヨーロッパに留学中、日本人としての生き方に直面します。そこで、それを「いき」という言葉で表現されている事態が何であるかという側面から、明らかにしようと思ったのです。というのも、「いき」という言葉は、他の外国語で翻訳しようとしても、十分適切に表現できないからでした。

「いき」という日本語もこの種の民族的色彩の著しい語の一つである。いま仮に同意義の語を欧州語のうちに索めてみよう。（中略）欧州語としては単に類似の語を有するのみで全然同価値の語は見出しえない。したがって「いき」とは東洋文化の、否、大和民族の特殊の存在様態の顕著な自己表明の一つであると考えて差支ない。

それでは、九鬼は「いき」という現象を、どう理解しているのでしょうか。彼はそれを、3つの契機、すなわち「媚態（びたい）」と「意気地（いきじ）」と「諦め（あきらめ）」からなると考えています。それぞれ確認していきましょう。

彼によれば、「『いき』の第一の徴表は異性に対する『媚態』である」となります。つまり、**異性との関係が「いき」の原本的（根本的）存在**なのです。

たとえば、ある異性がいて、それを手に入れたいと願っているとき、そこに働く関係が「媚態」となります。もし手に入れてしまえば、「媚態」は消滅するわけです。手に入れてしまえば「二元的関係」になり、手に入れたいと願っているときは「二元的関係」と呼ばれます。そのため、「媚態」は次のように語られます。

二元的関係を持続せしむること、すなわち可能性を可能性として擁護することは、媚態の本領であり、したがって「歓楽」の要諦である。（中略）媚態とは、その完全なる形においては、異性間の二元的動的可能性が可能性のままに絶対化されたものでなければならない。

なかなか難しい関係ですが、異性に興味があって征服したいと思いつつも、手を出さずに緊張関係を保ち続ける、とでもいいましょうか。

「いき」の第二の徴表（メルクマール）は、「意気」すなわち「意気地」とされます。これは、「江戸時代の道徳的理想が反映されている」と言われます。わかりやすく言えば、**「武士は食わねど高楊枝」**の心、**つまり「一種の反抗心」**と言えるでしょう。異性に興味があるからと言って、デレデレとするのではなく、矜持をもって振る舞うべき、というわけです。

そして第三の特徴は「諦め」です。これは**「執着を離脱した無関心」**と表現されています。この「諦め」は、「空無」などを説く「仏教の世界観」と説明されています。こうして、九鬼は次のように「いき」という現象をまとめています。

> 以上を概括すれば、「いき」の構造は「媚態」と「意気地」と「諦め」との三契機を示している。そうして、第一の「媚態」はその基調を構成し、第二の「意気地」と第三の「諦め」の二つはその民族的、歴史的色彩を規定している。（中略）要するに、「いき」という存在様態において、「媚態」は、武士道の理想主義に基づく「意気地」

と、仏教の非現実性を背景とする「諦め」によって、存在完成にまで限定されるのである。

説明するときの言葉は難しいのですが、具体的にどんなことが想定されているかは、あまり難しくはないと思います。異性に対する性的関心は失わないままに、だからと言ってあからさまにそれを打ち出すことはなく、無関心のふりをしながら、軽やかに付き合っていくということでしょう。

垢抜けして、張りのある、色っぽい「老後」

「いき」に関する九鬼の説明を読んだとき、私は感覚的にわかるような気がしました。西洋人の「セクシー」のようなギラギラとした欲望があふれ出た感じではなく、むしろ控え目で、内に秘めた「媚態」というのが、やはり日本人の感覚なのかと思い至ったのです。

それと同時に、体力だけでなく、**さまざまな能力が衰退しつつある「老齢期」の私たちにとって、この「いき」というのは、生きる上での指針、つまり「いきな生き方」こそが**

老いの生き方ではないかと思います。

一方で、「媚態」は必要ですし、性的な関心が失われては、人生そのものが「枯れ」てしまうでしょう。だからと言って、媚態があからさまでは、「野暮」になるでしょう。その点では、「意気地」や「諦め」といった、ちょっと引いた（あるいは離れた）態度が有効だと思います。

老人の媚態が、若者のような欲望丸出しでは、やはり気持ち悪いですし、ちょっとシャレた（異性との）関係をつくりたいですよね。それを九鬼は、**「垢抜けして（諦）、張のある（意気地）、色っぽさ（媚態）」**と表現しています。

老人だって「色気」は必要ですし、枯れてしまっては生きていく気力も失われるのではないでしょうか。しかし、そのためには、垢抜けしていること、つまり執着しないことが求められます。また、凛（りん）とした態度として、決して周りに媚びないことが重要です。老人は、これまで生きてきた経験と知恵をもっていますから、「いき」の概念を知ったからには、若い世代に媚びへつらうことはやめたいですね。

九鬼のこうした「いき」論は、日本人の美学として構想されたものです。私たちがもっている美意識を基本として、そこから「いき」という言葉にまつわる現象を分析したわけです。私はこれを読みながら、「生存（実存）の美学」を語ったフーコーの議論を、九鬼の「いきな生き方」につなげたいと思いました。

フーコーは「個人的な倫理（生き方）の探究」として、「自分の人生を芸術作品とする」ことを提唱しました。これは、九鬼の言う「いきな生き方」をすることにつながるのではないでしょうか。

「いき」であるには、理想主義的な道徳と、宗教的な諦念が求められていました。つまり、単なる媚態だけでなく、自分の生き方を「いき」にするためには、自分のなかでの鍛錬が必要なわけです。これは、フーコーが言う「生存（実存）の技法」と結びつくような気がします。

「生存（実存）の技法・美学」は、未来に向かって企図することではありません。自分が生きているこの現在の瞬間に、自分の生き方を完成しようとすることです。「いきな生き方」も、「生存（実存）の美学」も、未来ではなく現在こそが問題なのです。この今の状況で、自分自身がどう生きていくのか、これを自分自身に問いかけるのです。

なぜ、ハイデガーは「いき」を理解できなかったのか？

九鬼の「いき」の話の最後に、面白いエピソードを紹介しましょう。先ほど、ハイデガーと日本人との対話のなかで、九鬼のことが話題になったことを書きました。ハイデガーは、九鬼と「いき」について対話したことがあったのです。九鬼は自分の日本的な美学的概念をハイデガーにしばしば説明したようでした。

それに対して、ハイデガーはどう考えたのでしょうか。先ほどの引用で、ハイデガーが九鬼の話を聞いていたとき、「いつもただ遠くからおぼろげに感じられるだけでした」と語っていたのに注目してください。それに続けてハイデガーは語るのです。

問う人（ハイデガー） 美学という名称とそれが名指すものとは、ヨーロッパ的な思考、哲学から出てきています。だから、美学的な考察は東アジア的な思考にとって所詮、基本的に馴染まないはずです。（中略）

問う人（ハイデガー） あなたは、私が九鬼伯爵としばしば論じあった争点に触れていらっしゃいます。要するに、東アジアの人々は、ヨーロッパ的な概念体系を追いかける必要があるのか、それは正当であるのか、という問いです。

これを読む限り、**九鬼が説明した「いき」の概念は、おそらくハイデガーには伝わらなかった**ように思えます。それ以上に、ハイデガーは「東アジアの人々」がヨーロッパの哲学の概念を使うことに疑義を唱えているのです。

こうした考えを知ったとき、九鬼は、もしかしたらヨーロッパ人の傲慢さを見たのではないでしょうか。そしてだからこそ、ますます『「いき」の構造』の出版を願ったように思います。

「いきな生き方」は、当時の師であるハイデガーには理解されなかったとしても、その後のフランス哲学者フーコーには、理解されたのではないでしょうか。あるいは、「生存（実存）の美学」として、同じ方向を歩んでいると、共感されたように思います。もちろん、フーコーが九鬼を知っているわけではないので、あくまで想像上の話ですが。

4. 今の私たちが立ち戻るべきアリストテレスの「エネルゲイア」

この章の最後に、再度アリストテレスについて触れておきましょう。本書でも説明してきたように、アリストテレスはギリシア時代の哲学者、つまり2000年以上も前の人物ですが、「老い」の生き方を考えるとき、現代の私たちにとっても、とても示唆的です。

すでにプラトンと対比して論じたとき、アリストテレスが哲学者のなかでは珍しく、「老人政治」に対して厳しい考えをしていることを示しました。師であるプラトンとは違って、アリストテレスは「老人」の欠点をよく知っていました。その点では、現代に通じるものがあります。しかし、ここでは彼の「幸福論」と、そのときに依拠している「エネルゲイア」という概念を考えていきたいと思います。

「形而上学」の本当の意味

説明の前に、簡単にアリストテレスの人物像を確認しておきましょう。

彼がアテネの人間でないことは述べました。詳しく言えば、ギリシアの北方マケドニア地方のスタゲイロスという町の出身です。父親はマケドニアの宮廷に仕える医者で、アリストテレスが生物学に興味をもつきっかけになったのは父の影響ではないか、とも言われています。

17歳のときに、アテネにやってきて、プラトンのアカデメイアに入学します。その当時プラトンは、60歳ほどでした。20年間そこで学び、プラトンが亡くなると（そのときアリストテレスは37歳）、学園を去ったのです。

その後しばらくして、故郷のマケドニアのフィリッポス王に招かれて、皇太子（のちのアレクサンダー大王）の家庭教師を務めます。

やがてアテネに戻り、マケドニア宮廷の支援によって、町の郊外リュケイオンで学園を創設しました。このとき彼は49歳。この学園で教育した内容が、現在アリストテレスの著作として読まれているものです。

アリストテレスの著作のどれかを読んだことのある方はご存じだと思いますが、彼の著作はプラトンの「対話篇」とは違って、研究論文のようなスタイルで書かれています。これは「アリストテレス全集」という形で、中世に講義録をまとめて著作としたためで、初めて読むと無味乾燥で少し眠くなるかもしれません。

著作としては、論理学関係のもの、自然学関係のもの、政治や倫理学にかかわるもの、さらには芸術論まであって、ほとんどすべての学問を網羅しています。そのため、アリストテレスは「万学の祖」と呼ばれることもあるのです。

そのなかでも、代表作とされるものは、おそらく『形而上学』だと思います。ただし、この**「形而上学」というタイトルは、アリストテレスが名づけたものではなく、後年の研究者たちが、全集を作成するときに使ったもの**です。

もともとは、「自然学（フィジカ）の後（メタ）」からできたのですが、「自然学を超える（メタ）学問」とされたのです。

この『形而上学』もそうですが、アリストテレスの本は、たいてい言葉づかいが独特で、その意味を理解するのがひと苦労です。しかし、なぜその言葉を使うのかがわかるようになると、一見難解そうに思える議論も、とても面白く感じられます。

ここで取り上げる「幸福論」も、「エネルゲイア」の概念も同じです。食わず嫌いをせず、ぜひとも彼の著作を読んでみてください。老後の楽しみには、もってこいの内容です。

アリストテレス流「幸福」のあり方

私たちが何らかの行為をなすとき、「よいもの」だと思って行為を行います。たとえば、大学生に次のように聞いてみましょう。

「君はなぜ講義に出席しているのか？」

あるいは、講義を途中退席している学生に、

「君はなぜ講義を抜け出すのか？」

と聞くと、おそらく同じ答えが返ってくるでしょう。

「そうすることが、自分にとって『よいもの』だから」と。

逆に言えば、何らかの行為をしているとき、それを「よい」と思わないで、することはできません。人によって、その理由づけは違うかもしれませんが、その行為が「よいも

の」を追求していることは間違いないのです（いやなことを求めて行為を行うことはまずありえませんから）。

その「よいもの」を行為の「目的」と呼ぶならば、それぞれの行為とは、「よいもの」を目的とした「追求」だと言えます。『ニコマコス倫理学』の冒頭で、次のようにアリストテレスは語っています。

いかなる技術、いかなる研究も、同じくまた、いかなる実践や選択も、ことごとく何らかの善（アガトン）を希求していると考えられる。

アリストテレスの訳では「善」となっていますが、言葉が固いので本書では「よいもの」としておきます。ただ、この「よいもの」には序列があって、最初の目的から、その上の目的、さらにその上の目的……という具合に上がっていきます。

たとえば、先ほどの質問「講義に出席するのは何のため？」と聞かれたら、「単位を取るため」という答えが返ってくるかもしれません。しかし今度は、「単位を取るのは何のため？」と訊ねられるでしょう。そうしたら、「卒業するため」と返します。では、「卒業するのは何のため」と訊ねられたら、「就職するため」……。

こうした問いに対する、究極の答えはどうなるのでしょうか。それをアリストテレスは、「幸福」と考えるのです。つまり、**人間にとって「いちばんよいもの」は「幸福」**なのです。

われわれの達成しうるあらゆる善のうちの最上のものは何であるだろうか。名目的には、たいがいのひとびとの答えはおおよそ一致する。すなわち一般のひとびとも、たしなみのあるひとびとも、それは幸福（エウダイモニア）にほかならないというのであり、のみならず、よく生きている（エウ・ゼーン）ということ、よくやっている（エウ・プラクティン）ということを、幸福にしている（エウダイモネイン）というのと同じ意味に解する点においても彼らは一致している。

では、そもそも「幸福」をどう考えるべきなのでしょうか。これについてアリストテレスは差し当たり、人びとを階層に分けて考え、大衆に関してはひとまず、次のように述べています。

ひとびとの実際の生活から察するに、地上一般のもっとも低俗なひとびとの解する善と幸福とかは――それは理由がないわけではないが――快楽にほかならないように思われる。

これを読むと、エリート主義的印象を受けますが、時代的に考えると致し方ないのかもしれません。しかし、この発言は、同書の他の箇所では修正されて、「快楽」を人間に共通の「よいもの」と考えているのがわかります。

快楽を欲しないひとはないといえよう。何びとも生きることを希求しているのだからである。「生きる」とは或る活動であり、各人はその最も愛するところのものに関して、その最も愛する方面の機能を働かせて（たとえば音楽的なひとは聴覚によって音律に関して、学を愛するひとは知性によってその観照の諸対象に関して等々）活動するが、快楽はしかるにこの活動を究極的に完璧たらしめ、したがってまた各人の追求しつつある「生」を完璧たらしめる。それゆえ、ひとびとが快楽を追求するのも当然であろう。快楽は各人にとっての「生きる」ということ――それは好ましきものである――を究極的に完璧たらしめるものなのだからである。

ここで、アリストテレスが「快楽」と呼んだものを、「楽しく生きること」と言いかえてみると、とてもしっくりきます。

私たちは誰でも、「楽しく生きること」を望んでいます。「何が楽しいか」という点では、それぞれ違っていますが、そのどれも「楽しく生きること」という意味においては共通しているのです。

というのは、**アリストテレスによると「楽しく生きること」が「各人の人生を完璧なもの」にする**からです。

サルトルの思想より「エネルゲイア」が大事な理由

それでは、**楽しく生きるにはどうしたらいいのでしょうか。このためにアリストテレスが考案した概念、言葉が、「エネルゲイア」**です。この言葉は、現代でも使われている「エネルギー」の語源でもあります。

肝心なのはその意味です。

「エネルゲイア」という言葉は、「現実性（態）」とか「活動（態）」などと訳されていますが、もともと多義的な意味をもっているので、そのままカタカナ書きにしておきます。と言うのも、多義的というのは、つまりはこの言葉が何を対概念とするかで、意味が変わってくるからです。

しかも、その多義性をどう考えるかで、今でも研究者のあいだで意見が分かれているほどです。そこで、ここではその点については踏み込まず、「楽しく生きる」ことに関連して話を進めます。

「エネルゲイア」の対概念となるのは、「デュナミス」（可能性）か「キーネーシス」（運動）なのですが、ここで想定しているのは後者のほうです。つまり、「エネルゲイア」↕「キーネーシス」という組み合わせです。

まずエネルゲイアの前にキーネーシスのタイプとして、「家を建てる」ことを考えてみましょう。この場合、目的は建設される「家」であり、その過程の外にあります。ですので、途中で作業が終わってしまうと、まったく意味がありません。アリストテレスは、こう説明しています。

痩せること、学習すること、歩行すること、建築することなど、すべてそうである。これらは運動（キーネーシス）であり、しかも未完了的である。というのは、ひとは歩行しつつあると同時に歩行し終わっておりはせず、またかれは家を建てつつあると同時に、建て終わっておりはしない……。

これに対して、「エネルゲイア」のタイプとして、よく使われるのが「見る」とか「考える」ということです。

ひとは、ものを見ているときに同時にまた見ておったのであり、思慮しているときに同時に思慮しておったのであり、思惟しているときに同時に思惟していたのである。

しかも、注目したいのは、「幸福に暮らす」や「楽しく生きる」が、この「エネルゲイア」のタイプとされていることです。

よく生きているときに、かれはまた同時によく生きていたのであり、幸福に暮らしているときに、かれはまた同時に幸福に暮らしていたのである。

このようにして、**「幸福に暮らすこと」や「楽しく生きること」がまさに、アリストテレスの言葉で言えば、「キーネーシス」ではなく「エネルゲイア」であるとわかる**のです。

では、この考えは、「老いの生き方」にどうかかわるのでしょうか。

アリストテレスが区別した「キーネーシス」と「エネルゲイア」の違いを理解するため、東京から大阪に行く場合を考えてみましょう。

たとえば、仕事のために大阪に出張する場合、できるだけ早く目的地（大阪）に到着することが重要です。極端に言えば、途中はないほうがマシです。そのため、新幹線に乗っているときも、資料などに目を通したり、メールを送ったりしていることでしょう。大阪に着いたときは、新幹線のなかで何があったのか、ほとんど記憶にないかもしれません。

これは、「キーネーシス」のタイプの典型です。忙しいビジネスパーソンには、そうしたことが要求されると思います。

それに対して、久々に旅に出かけようとして、大阪に行くことを思い立ったとしましょう。このときには新幹線ではなく、もっとゆっくりとした列車を利用するかもしれませんし、途中下車することもあるかもしれません。というのも、目的は「大阪に行くこと」ではなく、「旅を楽しむこと」だからです。そのときどきの時間をじっくりと堪能することが大切なのです。

こう考えたとき、この章の最初に取り上げた**サルトルの思想は、「キーネーシス」のタイプに属している**のがわかります。

サルトルの考えでは、現在の意味は未来にあって、常に未来に向って「投企」することを目指しています。出張するため、まだ東京にいるときには、目的地の大阪のことを気にかけ、そこでの仕事が終わったら、こんどは東京に帰ることを考えるのです。行きも帰りも、その途中の行程はほとんど意味がありません。

それに対して、アリストテレスの「エネルゲイア」概念にもとづいて考えると、その都度その都度の時点を楽しく生きることが、最も重要なことになります。**今ここに生きている自分が、どのように楽しく生きていくのか——これが最大のテーマ**なのです。

私は、フーコーの「生存（実存）の美学」や九鬼周造の「いきな生き方」というものを、このようなものだと考えています。

そしてまた、「老年期」にある私たちにとって、サルトルが最後までこだわった「キーネーシス」的な未来ではなく、「今、ここで最大限に楽しく生きる」ことこそが大切だと思っています。

第5章

先行き不安な時代に、私たちはどう「老いながら生きる」のか？

main characters

Deleuze
Guattari
Marcuse
Illich
Kurzweil
Harris

われわれは存在の基盤となるパターンのストックが保存できるようになるという意味で、パラダイム・シフトを迎えつつある。人間の寿命は着実に延びており、やがてその伸長はさらに加速するだろう――カーツワイル

1.

ツリーからリゾームへ——ライフスタイルの変化

今までの話を踏まえて、最後の本章では、これからの「老いの生き方」を考えるために、ヒントになるコンセプトをご紹介します。

「老い」を考える際の私の基本的な視点は、時代が大きく転換しつつある、という現状認識にあります。今までの時代を「近代」と呼ぶとすれば、私たちは「ポスト近代」へと移行する時代に入っているのです。そのわかりやすい指標が、「人生１００年時代」というものです。

これまで、私たちの近代社会では、人生70年、あるいは長くても80年を想定して、制度設計が行われてきました。そのため大きく言えば、家庭→学校→会社→定年退職→老後というような、単線的なコースが敷かれてきたのです。それぞれの段階は、他からは独立した閉鎖空間で、逆転することは想定されていなかったのです。**こうした時代を、フーコーの表現を使って、「パノプティコン」時代と呼びました。**

現代ではこの制度が崩壊しつつありますが、それに代わる形が、あまり明確になっていませんでした。そのため、現状では寿命が延びて「人生１００年時代」になったとき、老後の生活基盤が築けないどころか、「老後破産」の危機に直面することになります。また、「老いの生き方」そのものも、それをどう組み立てていくのか、輪郭さえ描けなかったのです。

こうした状況で、私は本書の執筆を始めました。そのため、最初は手探りの状態で進めざるをえませんでしたが、ここに至っておぼろげながら、「人生１００年時代」の生き方が見えてきました。この、「ポスト・パノプティコン時代」に、どう「老いて生きるか」について考えていきましょう。

「根づく」時代から「広がる」時代へ

何よりも確認したいのは、現代のポスト近代という時代では、今まで確固として形成されてきた境界が、溶けてなくなり始めていることです。これを第2章で紹介したポーランド出身の社会学者バウマンは、「液状化」と呼びましたが、しかし単に溶けてしまったわけではありません。むしろ、従来とは違った形で、新たな結びつきが始まるのです。

その特質を規定するために、フランスの哲学者であるドゥルーズと**ガタリ**（1930〜1992）が**『千のプラトー』**（1980）で表明した「リゾーム」という概念を取り上げておきましょう。

まず、「リゾーム」というのは、意味としては「地下茎」を指しています。これに対比して使われるのが「ツリー」、つまり樹木です。

ドゥルーズとガタリによれば、**「ツリー」は近代的なシステムとして理解され、一定の場所に根を下ろし、そこでしっかりと幹を育て、枝や葉を生い茂らせます。具体的にいえば、学校に根づき、会社に根づき、友人や学業や仕事についての基礎固めをする**わけです。

それに対して、**「リゾーム」は、一定の場所ではなく、多様な方向へと広がっていきます。つまり、これからの「ポスト近代」の社会を予想しているの**です。「リゾーム」では、今まで予想しなかった新しいものと出会い、協働することがあります。言ってみれば、場所の限定もなく、種類の限界もなく、多様なものたちと多様な形で、組み合わせができ上がるのです。

この「リゾーム」について、ドゥルーズとガタリは、次のような言い方をしています。厳密な意味はわからなくても、何となくイメージがわかればそれで十分です。

リゾームの主要な特性を要約してみよう――樹木（ツリー）やその根とは違って、リゾームは任意に一点を他の任意の一点に連結する。そしてその特徴の一つ一つは必ずしも同じ性質をもつ特徴にかかわるのではなく、それぞれが実に異なった記号の体制を、さらには非・記号の状態さえも起動させる。（中略）リゾームは始まりもなければ終点もない、いつも中間、もののあいだ、存在のあいだ、間奏曲（intermezzo）なのだ。樹木（ツリー）は血統であるが、リゾームは同盟であり、もっぱら同盟に属する。樹木は「である」を押しつけるが、リゾームは接続詞「と……と……と……」を生地としている。

こうした**「リゾーム」的な社会が到来しつつある**、とひとまず言っておきます。しかしながら、その具体的な内実がよくわからないかもしれません。ですから、人生コースのそれぞれの段階に分けて考えてみましょう。

「デジタルの首輪」をつけた社員たち

まず、会社はどうなるのでしょうか。これを考えるときに思い出すのが、新型コロナウイルス感染症が流行し始めた頃、一斉にリモートワークが推奨され、大きなオフィスにほとんど誰もいなくなった風景です。

社員は、会社には出勤せず、自宅で仕事をすることになりました。連絡はオンラインで行い、会議もビデオ会議で行われるようになりました。大学でも、講義がオンライン化され、広いキャンパスには誰もいなくなったのです。

当初はコロナパンデミックの行方も見えなかったので、このまま仕事はリモートワークに移行し、広いオフィスは不要になるかもしれないと思われていました。しかしながら、日本の場合、再び元の形に戻ったように見えます。

もし、あのままリモートワークが働き方の主流になっていれば、会社のあり方も変わっていたのかもしれません。

しかし、現在では以前の形にだいぶ戻ったとはいえ、会社のあり方や働き方の傾向は、すでに変わりつつあるような気がします。コロナパンデミックのときの労働形態は、特別な事態だったとはいえ、ひとつの方向性として、その新たな働き方の流れは止められないはずです。というのも、**ポスト近代への移行は、大規模な閉鎖空間（会社）が解体され、人びとがデジタル技術によって四六時中モニターされることになる**からです。

第2章でドゥルーズの管理社会論を見たとき、彼がこんなことを書いていたのを覚えているでしょうか。


SFの助けを借りなくても、保護区内の動物や（エレクトロニクスの首輪をつけた）企業内の人間など、開かれた環境における成員の位置を各瞬間ごとに知らせる管理機構を思い描くことができる。

現在、「環境保護」という名の下で、希少な動物にはGPSが取りつけられ、その活動が逐一追跡できるようになっています。

ドゥルーズによると、**現代の管理社会で生きる会社員たちは、こうした動物と同じ**だということになります。

というのも、首からぶら下げたIDカードを使わなくては、会社はおろか社内の部屋、トイレにさえ入ることもできないからです。もちろん、このカードを使うたびにその情報が記録され、蓄積されていきます。

こうしたデジタル管理は、リモートワークになったからといって、なくなるわけではありません。むしろ、会社には来なくても、スマホやパソコンのオンオフ、使用状況などを通じてチェックされているのです。

さすがにウェブカメラで、在宅、社外の行動を監視することまではしない（?）と思いますが、自宅にいても管理から逃れることはできません。

だとすれば、会社に出てきて、大きなオフィス（閉鎖空間）に閉じ込められても、あるいはリモートワークで自宅にいるにしても、行動がいつも管理される点では、あまり変化はないと言えます。

コロナ禍が生んだ「定住民型」から「ノマド型」への変化

コロナパンデミック前後で働き方が少しずつ変わり始めたことを示すのが、特定の会社に属さないで働く「フリーランサー」の増加です。

フリーランサー人口の調査はいろいろあるのですが、ある資料によれば、次ページの図のようになっています。

この数字を見て、どう感じられるでしょうか。アメリカに比べれば、まだまだ少ないのですが、日本でも労働人口の4分の1ほどがフリーランサーになっています。このところ、「インボイス制度」が話題になっていますが、この数字を見ると納得できそうです。こうしたフリーランスとして働く人を、「ノマドワーカー」と呼ぶことにしましょう。

この言葉は、2010年頃から使われるようになった和製の造語ですが、**この「ノマド」という言葉自体はドゥルーズに由来**しています。「ノマド」というのは「遊牧民」のことで、「定住民」に対立して使われました。この対比を、働き方の変化を表現するために使ってみましょう。

従来の働き方は「定住民型」で、ひとつの会社に根を下ろし、そこで自分の活動を発展させました。これに対して、フリーランサーは、特定の会社に属さず、さまざまな会社とその都度仕事をして、いわば遊牧民のように働きます。

ドゥルーズは歴史の方向として、定住民型からノマド型への展開を力説しました。こうした「定住民↕ノマド」の区別は、当然のことながら、ひとつの会社に勤め続けるか、それともフリーランサーとしてお金を稼ぐかの違いに対応しています。

今までの日本では、定住民型の発想が常識だとされてきました。いい学校に入り、いい会社に入ることが、人生の目標のよう

増え続けるフリーランサー

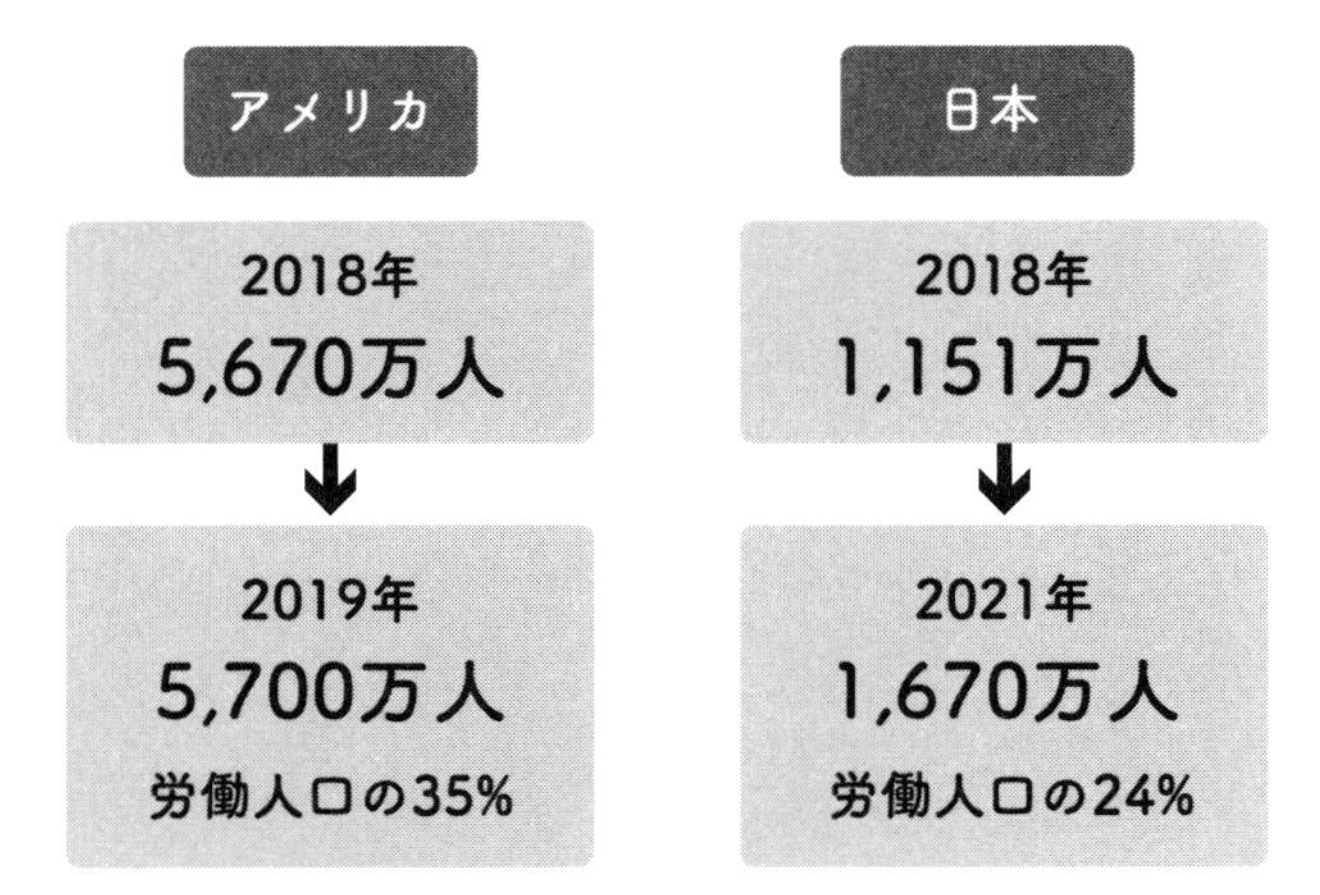

出典：フリーランス実態調査2021

に語られてきたのです。この場合、どこに所属するか、どこで自分のテリトリーをつくるかが重要でした。

ところが、こうした考えを変える時期がやってきたのです。この契機はすでに20世紀後半から徐々に忍び寄ってきたのですが、今回のコロナパンデミックが決定打となりました。

それにしても、ノマド的な働き方のどこが魅力的なのでしょうか。

ノマドワーカーが魅力的に見えるのは、会社による縛りがなく（自由）、さまざまに異なる仕事ができる（多様性）からです。ノマドワーカーの現実がどうなっているかは別にして、そもそもどんな仕事が魅力的なのかを、考えてみましょう。本書でも何度か登場願った社会学者のバウマンは、仕事をふたつに分類して、次のように述べています。

第一のカテゴリーの仕事は「面白く」、第二のカテゴリーは「退屈」である。（中略）仕事は「面白い」、つまり変化に富んでいて、冒険の余地があり、何らかのリスク（過剰ではない）を含んでおり、経験したことのない感覚を味わうチャンスをもたらすものでなければならない。（逆に）単調で、繰り返しが多くてルーティーンで、冒険がなく、（中略）思考への挑戦も約束せず、自己検証や自己主張の機会もない仕事は「退屈である」。

ノマドワーカーが、今後どこまで増えていくのかはわかりませんが、仕事のスタイルが会社勤めだけでなく、さまざまな形に多様化し、流動化していくのは間違いないと思います。そして、こうした**働き方の流動化を前提にして、「老いの生き方」を考えていく必要があるの**です。

会社を定年退職したら、それで仕事人生が終わるわけではありません。むしろ、新しい働き方の始まりになるのです。そう考えると、「老い」のスタイルは、ノマド的な生き方になるのですから、冒険に満ちた面白いことができるのではないでしょうか。

仕事が遊びになり、遊びが仕事になる

今までの常識からすれば、仕事と学びと遊びは、それぞれ違ったものであるだけでなく、相互に対立した形で考えられてきました。それぞれの活動には、特定の決まった場所が限

定され、壁によって隔てられてきたのです。

そうした状況が現在、次第に終わりを告げつつあります。これを私は本書で、近代からポスト近代への転換として説明してきました。この転換によって、今まで確固として区別されてきたものが、解消されることになります。

ここでは、それを「老いの生き方」と関連づけながら、あらためて考えてみます。まずは、仕事と遊びの関係を考えてみましょう。そのための題材として、皆さんがよくご存じの『イソップ物語』にある「アリとキリギリス」の話を見てみましょう。


アリとキリギリスは夏の間には、それぞれ違った行動をする。一方のアリは、冬の食糧を蓄えるために、夏の間にせっせと働く。他方のキリギリスは冬のことを考えず、バイオリンを弾いたり、歌ったりしながら楽しく暮らしている。

やがて冬が来た。キリギリスは食べ物を探すが、見つけることができない。そこでアリに頼んで、食べ物を分けてもらおうとする。それに対して、アリは次のように答えた。

「君は夏の間、歌っていたんだから、冬は踊ったらどうだい?」

実を言えば、この話の結末にはいろいろなバリエーションがあります。しかし、いずれにしても、このエピソードが語られるとき、「将来に備えてコツコツと真面目に働くアリ」こそが、理想の姿と持ち上げられるわけです。「老後の生活」を考えたら、私たちはアリのように働かなくてはならないということになるでしょう。

しかし、ポスト近代に向かう社会では、もしかしたらこの常識は通用しないかもしれません。むしろ、**キリギリスのようなスタイルこそが、働き方のモデルになる**（すでになっている）かもしれないのです。

今まで「仕事」というのは、額に汗して働く「労苦」のイメージが強くありました。それに対して、「遊び」はまったく異なるもので、仕事のらち外にあると考えられてきたのです。まさに「仕事は遊びではないぞ！」というわけです。

こうした対立に対して、アメリカの哲学者**マルクーゼ**（１８９８〜１９７９）は次のように語っています。

マルクス、エンゲルス自身が認めているように、自由な社会と不自由な社会との間の質的差異を最初に明確ならしめた第一人者はフーリエであったし、労働が遊びになることの可能であるような社会、つまり社会的に必要な労働が人間の本能的要求と傾向性とに調和されて組織されうるような社会について語ることを、まだマルクスでさえある程度遠慮がちであったのであるが、そんなことにいささかもたじろぐことのなかったのもフーリエであった。

フランスの哲学者である**フーリエ**（1772〜1837）は、**マルクス**（1818〜1883）や**エンゲルス**（1820〜1895）によって、「空想的社会主義者」と厳しく批判されましたが、彼の考えは、今日においてむしろ先駆的な意義をもっていました。

こうして、マルクーゼの主張にあるように、**仕事が遊びになる、あるいは遊びが仕事になる——これは、マルクスたちが生きた19世紀にはまだユートピアであったのかもしれませんが、20世紀のマルクーゼにとっては、すでに現実のものと考えられていた**のです。

2. ポスト近代の理想となる「コンヴィヴィアル」な生き方

前項で登場した「リゾーム」的な社会を考えるために、この項では学校のあり方を例として見てみることにします。というのも、**「近代の生き方」を学ぶ最初の場所が学校**だったからです。この学校という「教育」のスタイルが、まさに危機に瀕しています。

ここで参照しておきたいのが、オーストリア生まれの哲学者**イリイチ**（1926～2002）が提唱した「脱学校」の概念です。1960年代から1970年代にかけて、世界中で社会変革の運動が起こりました。この状況のなかで、近代の産業社会に代わる理論を打ち出したのが、イリイチです。その**近代社会批判の一環として、イリイチは「脱学校」を提唱**しました。

　私は、われわれの世界観や言語を特徴づけている人間の本質と近代的制度の本質とを、相互に関連づけてはっきりさせるためにはどうしたらよいかという一般的な課題を提起したい。そのための理論モデル（パラダイム）をつくる素材として私は学校を選んだ。

　イリイチの「脱学校」の概念は、当時の世界的な反体制ムーブメントのなかで、制度的な学校の解体論として受け取られました。そのため、オルタナティブ（代替）な理論としては、具体性に乏しい、と批判されたのです。もちろん、そうした理解はまったくの間違いというわけではありませんが、今日では違ったアプローチが可能だと思います。

崩れ去った「学校＝教育」という等式

　その違うアプローチとは、ポスト近代において、いかなる教育が可能なのかを示唆するものとして理解することです。かつての理解では、「学校VS脱学校」という対立が打ち出されていたのですが、現在ではむしろ社会そのものが、「学校から脱学校へ」とパラダイム・シフトしつつあります。つまり、**今日では「教育＝学校」という等式が崩れ去って**

いるのです。

イリイチは、「学校」という制度が歴史的なものであって、近代になって初めて成立した制度であることを自覚しています。そのため、逆に言えば、近代の社会が終焉すると、人々の学びのスタイルも変わってくるのです。

前世紀までは、中産階級の「子供たち」は家庭教師や私立学校の助けをかりながら家庭で育てられた。産業社会となってからはじめて、「子供時代」の大量生産が実現可能となり、また大衆にも手の届くものとなった。学校制度は、それがつくり出す子供時代と同じように、近代に出現した現象なのである。

そしてイリイチの見るところ、教育を学校が独占してきた近代社会は、今や終わりを迎えているのです。たとえば、イリイチが「すぐれた教育制度」として次のように語るとき、私たちはその具体的な形をすでに知っています。

誰でも学習しようと思えば、それが若いときであろうと年老いたときであろうと、人生のいついかなる時においてもそのために必要な手段や教材を利用できるようにしてやること。

ここでイリイチが提唱している教育制度は、部分的には現代社会でも導入されています。**教育は、子どもだけが受けるものではなく、最近話題の「リカレント」「学び直し」という言葉で表されるように、学習しようと望む人であれば、年齢にかかわらず利用できるようになっている**のです。

みんなが生徒になり、同時に先生になる時代

それでは、学校に代わるものとして、イリイチはどのような制度を考えていたのでしょうか。それをイリイチは、「学習のネットワーク」や、「機会の網状組織」(opportunity web)という言葉を使って表現しています。

この言葉を見ると、すぐに現代のインターネットを連想するのではないでしょうか。実

際、インターネットの開発とイリイチの概念との関連性が言及されることもあります。ただし、正確にはよくわかっていませんが。

ただ、「学習のネットワーク」として、イリイチが何を考えていたのかを見ると、インターネットと結びつけたくなる理由もよくわかります。たとえば、新たな教育に必要なものとして、彼は次の４つの資源を挙げていました。

①学習する人が、人生のいかなるときも、学習素材にいつでもアクセスできる環境
②知識をもつ人と学習者とを結びつけるネットワーク
③学習する人同士のネットワーク
④知識をもつ教育者に、教えることを可能にするような機会を与えるネットワーク

総じて言えば、教育する人も、学習する人も、いつでもアクセス可能であるような環境づくりということです。この「学習のネットワーク」環境をどこまで整備できるかによって、脱学校の現実性が見えてきます。

イリイチが前掲の『脱学校の社会』（１９７１）を出版した当時は、「『脱学校化』論なん

て、現状の教育制度の代替案としては不十分だ」として批判されたのですが、現在のようにデジタルネットワークが発展した社会では、むしろ、すでに一部実現されているといってもいいでしょう。

イリイチの「脱学校化」論は、高齢者の生き方に対して何をもたらすのでしょうか。**イリイチが脱学校化のポイントとしているのは、人びとの自立的で自由な「学習」の意欲**です。この意欲をもとにして、ネットワークが形成されるのです。

まず、高齢者自身が、こうした意欲をもつ学習者になれます。実際、私の経験からすると、高齢者の学習意欲は相当なものです。時代の変化にも敏感で、新しいことにも興味津々です。私は大学を定年退職したあと、いろいろな場所で講義や講座・講演などを行っていますが、若い人に交じって高齢の方にも熱心に聞いていただいています。そのとき、質問も積極的にされていますので、学習意欲は年齢には関係ないことがわかります。

もうひとつは、私のように**高齢者が知識を提供する立場になれる**ことです。大学では定年を迎えましたが、カルチャーセンターや大学のエクステンションセンターなどでは、今のところ高齢になっても教えることができます。

また、面白いところでは、中学受験向けの学習塾でも、子どもたちに「哲学集中授業」をしたことがあります。学校のカリキュラムでは、高校まで「哲学」を学ぶことはありません。そうしたなか、中学生や高校生に哲学の話をしました。

今日では、デジタルネットワークが整備されていますから、何か疑問に思ったことはすぐに調べられますし、情報を知っている人に連絡すれば、正しい知識も手に入ります。もちろん、同じテーマに興味のある人が集まって、議論することもできますし、自宅からオンラインで会話することもできます。

さらには、**高齢者が「養老院」ではなく「大学院」に行く時代にもなった**のです。かつて老人といえば、高齢者施設に閉じこもり、何もすることがなく一日中黙って過ごす、と見られていました。しかし、今では、学んでいる人も、教えている人もいます。だとすれば、教育の概念とともに、高齢者のイメージも変える必要がありそうです。

近代の終焉と「コンヴィヴィアリティ」

かつて老人専用施設といえば、世間的には「姥捨て山」のようなイメージで見られていました。そのため、高齢になって自分では生活しづらくなった親をそこに入れるとなると、子どもは親せきなどから非難されることがあったのです。

しかし、現代ではそんなイメージも、廃れてしまったかもしれません。入居する際、高額の資金が必要な施設もありますし、逆に安い施設の場合は希望者が殺到して、順番待ちになっています。しかも、安いといっても、最近の施設は年金で賄えるほど安いわけではありません。ですので、施設に入居できるならまだいいほうで、むしろそこに入れない独居老人こそが、危惧されています。

したがって、老人施設に対して「姥捨て山」といった暗いイメージをもつのは、もはや時代遅れと言うべきです。それにもかかわらず、今日の流動化したポスト近代という観点から見ると、介護のあり方は古い時代の形態から脱却していないようにも思えます。

近代の特徴は、同じような年代や特性の人を集め、一定の期間隔離して、共同生活のなかで行動を監視することにありました。この点では、最近の老人施設は清潔で快適になったとはいえ、社会から隔離した場所であることに変わりはありません。

しかし、社会全体において境界が溶け出して、もはや流動化した現在、「老人専用の隔離した施設」という発想そのものを、変える必要があるのではないでしょうか。具体的には、都市計画も含めた制度設計を考えなくてはなりませんが、基本的には「高齢者だけ」を隔離するのではなく、老いも若きもともに暮らせるような生き方の実現が今後の課題となります。

それを考えるとき、**ヒントになりそうなものが「コンヴィヴィアル」という概念**です。これを提唱したのは、「脱学校」を主張した先ほどのイリイチで、いずれも近代社会の終焉を見すえた発想でした。

あらためて注意しておけば、イリイチの仕事は、近代的な産業社会の終焉に向けた議論を巻き起こすことだったのです。『**コンヴィヴィアリティのための道具**』（1973）の冒頭で、イリイチは次のように明言しています。

> これから何年かのあいだ、私は産業主義時代の終焉というテーマと取り組んでいくつもりだ。（中略）産業主義的生産様式の独占の退潮と、この生産様式が提供する産業主義的起源の諸職業の消滅とを、私は記述したいのだ。

イリイチは、こうした近代の産業主義時代の終焉を見すえて、それに代わる新たな概念として、「コンヴィヴィアリティ」（形容詞では「コンヴィヴィアル」）を提唱したのです。**この言葉は、ラテン語のcon（ともに）とvivere（生活する）を組み合わせたもので、「一緒に暮らす、ともに生きる」という意味**をもっています。ちなみに、フランス語や英語でもそうですが、食事やお酒が介在した会食や宴会という意味にもなります。

それは当然、楽しい場になりますので、「ともに楽しく生きる」と訳してもいいかもしれません。イリイチは、次のように説明しています。

産業主義的な生産性の正反対を明示するのに、私は「コンヴィヴィアリティ」という用語を選ぶ。私はその言葉に、各人のあいだの自立的で創造的な交わりと、各人の環境との同様の交わりを意味させ、またこの言葉に、他人と人工的環境によって強いられた需要への各人の条件反射づけられた反応とは対照的な意味をもたせようと思う。私はコンヴィヴィアリティとは、人間的な相互依存のうちに実現された個的自由であり、またそのようなものとして固有の倫理的価値をなすものであると考える。

ここでイリイチが想定しているのは、人間と道具とのかかわりですが、ポイントになるのは、**個々人がそれぞれ自由に活動しながら、人間同士が相互に依存しあって、創造的に楽しく生きる「未来社会」**です。そのため、訳語としては「自立共生」が使われていますが、共生する人びとは多種多様であることが前提とされています。

「節制ある楽しみ」としての共生

面白いのは、近代的な産業社会の終焉を展望し、未来社会の根本概念として「コンヴィヴィアリティ」を提唱するイリイチが、古代ギリシアのアリストテレスや中世スコラ哲学の**トマス・アクィナス**（1225頃～1274）を援用していることです。たとえば、次のように述べています。

〝節度〟というのは人についていわれる言葉であり、アリストテレスやトマス・アクィナスにとっては友情の土台を示す言葉であったのだけれど、この言葉も今や質が落ち、苦い味わいがついてしまっている。『神学大全』で、（中略）トマスは修練によって得た創造的な遊戯心を扱っている。（中略）彼は「節度」を、あらゆる楽しみを排除するわけではなく、人格的な結びつきから気をそらせたり、それに対して破壊的であったりする楽しみだけを排除するような特性と定義している。トマスにとって「節度」とは、彼が友情とかよろこばしさとかと呼んだより包括的な特性の一部となってそれを補足するものである。

アリストテレスは、「節制」を欲望にかかわる徳と考え、「超過」と「不足」によって失われ、「中庸」によって保たれる、と述べています。こうした表現は、若い頃は何となく中途半端で、日和見主義的な態度のように思われていたかもしれません。ところが、「老い」を迎える年齢になると、こうした「節制」がきわめて有効なことがわかります。

ただし、**注意すべきは「節制」が「抑制」とは区別されていること**です。「抑制」の場合は、「欲望」との葛藤に悩まされている（ガマンした状態）のですが、「節制」にはそうした葛藤がありません。むしろ、そうした節制をすることで人生の楽しみにつながっていくというわけです。

コンヴィヴィアルな老いの生き方

このようにして、私はイリイチの「コンヴィヴィアリティ」という概念を、現代における「老いの生き方」として理解しています。すなわち、ポスト近代に向かいつつあるこの時代において、「ともに生きて、ともに楽しむ」ことが、基本的な人生のスタイルになるのではないでしょうか。

ただし、**「ともに」は単なる一緒ではなく〝多種多様〟であることが肝要**です。現在の老人施設は、「老人限定」の施設であり、以前から続いてきた「老人隔離」の延長上にあります。このあり方が変わらなければ、いつまでたっても「姥捨て山」のイメージは払しょくされないでしょう。

さらには、「老人」だからといって、「老人」とだけつき合うわけではありません。子どもに何かを教えるかもしれませんし、あるいは学校やカルチャーセンターに通って、若い人から新しい知識を教えてもらうかもしれません。仕事であれば、年齢とは関係なく一緒に取り組まなくてはならないこともあるでしょう。生活空間が、同時に仕事の空間にもつながり、さまざまな人たちと多様な関係を取り結ばざるをえないのです。

私たちがコンヴィヴィアルな生活をしなくてはならない根本的な理由は、人間がひとりでは生きていけないというところにあります。とくに、**生まれてすぐの幼児期と、やがて死を迎える高齢期では、他の人の援助があって初めて生きていくことができる**のです。このとき、誰の援助によって生きていくことになるのでしょうか。

かつては、幼児期も高齢期も、面倒を見るのは親や子どもでした。ところが、老人に関しては、住宅事情や労働事情、さらには収入状況によって、大きく変わってきます。今後それがどう変化するにしても、他の人たちの援助（もちろん無償というわけではなく）が必要な状況は続くはずです。このとき、どんなあり方が考えられるのか、それが「コンヴィヴィアルな生き方」の課題になるでしょう。

3. テクノロジーの進化は「老い」をどう変えるのか？

これまでの哲学的な（重苦しい！）話から流れを変えて最後に、「老い」とテクノロジーの関係を見ておくことにしましょう。というのも、これからの「老いの生き方」を考えるとき、テクノロジー抜きには考えられないからです。

そもそも、現代を生きる私たちが長生きするようになったのは、医療や保健衛生などのテクノロジーの進化を前提としています。人間の生命や生活は、その時代のテクノロジーによって大きく左右されるのです。

テクノロジーはもともと、力の弱い人間を補助し、強化するための〝武器〟となってきました。だとすれば、力が衰える老人にとっても、有効な道具になるのではないでしょうか。たとえば、クルマの運転ができなくなった老人が、自動運転車を使えるようになるといったように。残念ながら、今のところ実現していませんが……。

20世紀後半において、バイオ（生命）テクノロジーと情報テクノロジーの革命が始まったのは周知のことであり、このテクノロジーが今日、私たちの「老い」のあり方を変えようとしています。もちろん、今のところ道半ばではありますが、その方向は見えてきました。では、はたして、テクノロジーが私たちをどこへ導くのでしょうか。

人間の寿命はどこまで延びるのか？

今まで、人間は生物である限り、「死すべきもの」であり、「死」が訪れることは自明だとされてきました。そのためかえって、「不老不死」の物語が古今東西でつくられてきたわけです。

ところが近年、「寿命革命」が唱えられ、バイオテクノロジーによって「老化」や「死」が克服されるかもしれない、といった期待が高まっています。

たとえば、発明家、実業家、未来学者、思想家などさまざまな肩書きをもつアメリカの**レイ・カーツワイル**が『**シンギュラリティは近い**（邦題『ポスト・ヒューマン誕生』）』（200

5）で示した、下の平均寿命の表を見ておきましょう。

この表を見て驚くのは、生物的な条件と考えられる寿命が、歴史の進展とともに大きく変わっていることです。もちろん、前述したように、これは医療や保健衛生などのテクノロジーと関連していますが、**現在の「人生１００年時代」のみならず、これまで何度か「寿命革命」が起きているのは注目すべきこと**です。カーツワイルは、次のように語っています。

今、われわれは存在の基盤となるパターーンのストックが保存できるようになるという意味で、パラダイム・シフトを迎えつつある。人

人間の平均寿命の変遷

年齢	国名	寿命
クロマニョン人の時代	―	18年
古代エジプト	―	25年
1400年	ヨーロッパ	30年
1800年	ヨーロッパおよびアメリカ合衆国	37年
1900年	アメリカ合衆国	48年
2002年	**アメリカ合衆国**	78年

出典『ポスト・ヒューマン誕生』（レイ・カーツワイル著、井上健他訳、NHK出版、2007年）

間の寿命は着実に延びており、やがてその伸長はさらに加速するだろう。現在、生命と病の根底にある情報プロセスのリバースエンジニアリングが始まったところだ。ロバート・フレイタスは、老化や病気のうち、医学的に予防可能な症状の50%を予防すれば、平均寿命は150年を超えるだろうと予測する。さらに、そういった問題の90%を予防すれば、平均寿命は500年を超える。99%ならば、1000年以上生きることになるだろう。

ロバート・フレイタスとは、血液を人工物に交換するナノテクノロジーの研究者。この想定がどこまで実現可能かは定かではありませんが、現時点でも、平均寿命が延びていくことは、多くの科学者の共通の見解のようです。しかし、寿命だけが延びても、老化した状態で生き続けることは、かえって不幸かもしれません。

スウィフトの『ガリバー旅行記』（1726）でも描かれていたように、老化による衰えが永続化することは、〝呪い〟のように感じられるかもしれないのです。

「老化」は本当に防止できるのか？

寿命は延びても、ヨボヨボの状態で長く生きるのは、おそらく多くの人が望まないのではないでしょうか。現代では、「アンチエイジング」が熱心に宣伝され、一大産業になっています。老年どころか中年の人々でさえも、「若く見える」ことに余念がありません。

「エーオース」という名をもつ、ギリシア神話に登場する女神がいます。彼女は恋多き女神なのですが、あるとき地上でティトノスという名の美青年に恋をしました。ティトノスは人間なので、神にくらべると命が短くはかない。そこで、全知全能の存在であるゼウスに頼んで「不死」にしてもらいました。ふたりのあいだには、ふたりの息子が生まれ、幸せに暮らしていました。

ところが、**ティトノスは「不死」ではあっても「不老」ではなかった**のです。髪は白くなり、顔には皺が目立つようになりました。

こうして、ティトノスはしだいに老化していったのですが、エーオースは、それを見るのが耐えられません。そこで、エーオースはティトノスを王宮の一室に閉じ込めてしまいます。月日が経って、ティトノスは干からびて小さくなり、手足も動かなくなりました。最後には、か細い声しか出せなくなったので、彼をセミに変えてしまったといいます。

何とも痛ましい話ですが、ギリシア時代の昔から「老化」が人々からいかに嫌われていたか、よくわかる話です。

そうした「アンチエイジング」への願いの切り札となりそうなテクノロジーは近年、どんどん発展しています。たとえば、カーツワイルはケンブリッジ大学遺伝学科の科学者オーブリー・デ・グレイの報告として、次のように紹介しています。


デ・グレイは、みずからが目指すのは、「遺伝子工学で老化に打ち勝つこと」、つまり年をとっても身体や脳がもろくなったり、病気にかかりやすくなったりしないようにすることだと説明している。彼が言うように、「遺伝子工学で老化に打ち勝つための核となる知識は出そろった。あとはそれらをひとまとめにするだけなのだ」。彼は、「若返って元気になった」マウスは10年以内に実現すると信じており、「そうなると世論に劇的な影響をおよぼすだろう」と述べている。

あるいは、日系アメリカ人の物理学者ミチオ・カクは、「老化現象にまつわる謎は現在解明が進んでいるところで、そこでは遺伝学が決定的な役割を果たしている」と述べたうえで、次のように書いています。

こうして、多彩な研究の糸から一枚にまとまったタペストリーを織り上げる「老化の一般理論」がもたらされた。科学者たちは現在、老化とは何かを理解している。それは、遺伝子や細胞のレベルでのエラーの蓄積だ。このエラーはいろいろな形でたまっていく。

さらには、2016年に『若返るクラゲ　老いないネズミ　老化する人間』を刊行したアメリカの生物学者、ジョシュ・ミッテルドルフとドリオン・セーガンは次のように語っています。

これまでわたしは、「アンチエイジング治療はあと数年で実現するだろう」と説いてきた。わたしにとっていちばんの難題は、あなた方読者のような人たちに、それが空約束でも遠い未来の夢でもないことを納得してもらうことだった。しかし今年、いくつかの分野で進展が見られ、この本が実際に出版される頃には、この章は時代遅れになっているかもしれないのだ。

こうしてみると、本来ならばすでに新たな「アンチエイジング」技術が大々的に話題になっているはずでしょうが、今のところそうしたニュースは聞こえてきません。実際はどこまで進んでいるのか、興味あるところですが……。

医学的な「死の延期」はどこまで許されるのか？

一方、老化の克服と生命の延長に積極的に賛成する哲学者として、イギリスの**ジョン・ハリス**（1945～）を挙げることができます。彼は、2007年に『**能力増強的進化——人間改良の倫理的根拠**』（未邦訳）を出版して、革新的な議論を提示しました。そのなかで、ハリスはバイオテクノロジーによる「エンハンスメント」（能力増強）をテーマにし、その技術を積極的に擁護しているのです。

同書では、たとえば「不死性」が問題とされています。彼は、現代の状況を次のように説明しました。

生命延長治療とそれが可能とする結果の楽観的な議論が、科学や哲学の真剣な議論においてますます増加している。（中略）もしわれわれが、老化過程のスイッチを外すことができるならば、リー・シルヴァーの言葉にあるように、「不死性を人類の遺伝子に書き込む」ことができるだろう。

リー・シルヴァーというのは、遺伝子工学、バイオテクノロジー研究の世界的権威として知られる生物学者のことです。

こうした未来を積極的に肯定するために、ハリスは反対派が提出した論点を、ひとつずつ検討していきます。具体的には、次の5つの論点です。

①不平等性

②人生の退屈さ

③人格の同一性の欠如
④人口過剰
⑤健康維持費用の増大

これらは、ハリスに限らず、長寿化の問題点としてしばしば言及されるものです。したがって、ハリスの議論に賛成するかどうかは別にしても、考えておくべき問題と言えるでしょう。ここで、それぞれの論点に対するハリスの議論を紹介しませんが、ハリスとしては老化遅延と生命延長に対してきっぱりと賛成しています。その理由について、彼はこう述べています。

われわれは生命を救うとき、単に死を延期するのである。生命の救出が単に死の延期であるならば、生命の延長治療は生命救出治療であり、またいつも生命救出治療でなければならない。(中略)生命が受容可能な質をもっている限り、われわれは生命を救う道徳的な命令をもっている。

「生命が受容可能な質をもっている」というのは、たとえば、若くて活動的な生活を営むことができることだ、と考えてみましょう。その場合には、そうした生命は救わねばならず、生命を延長しなくてはならない、となるでしょう。しかも、それを可能にするテクノロジーが現実化しつつあるのであれば、どうして反対する必要があるのでしょうか。こうハリスは主張するのです。

ハリスの議論は本人も自覚しているのですが、かなり楽観的なものです。しかし、その論理はきわめてストレートなもので、そのためむしろ強力に思えます。将来起こるかもしれない問題を今の時点で不安視して、その研究に歯止めをかけるよりも、原則的に考えて出てきた問題はその都度、解決していくほうが、いいのではないでしょうか。**人間の寿命が延長化できるとすれば、それに反対する根本的な理由はなさそう**です。

進む人間の「サイボーグ化」

「老いる」ということは、今まではできたことが、肉体的にも精神的にもできなくなっていくということです。「力」という概念を使うならば、「老いとは、人間のもつ力が減少すること」と表現できます。これに対処する方法は、基本的にふたつあります。

ひとつは、力の減少を止めることです。前項で見た「老化防止」の技術などは、このタイプになります。

しかし、そうした技術が実用化されるまで、どうすればいいのでしょうか。

たとえば、「視力の衰え」を考えてみましょう。学生時代は、視力はさほど悪くなかったのに、会社に入って健康診断をしたら視力が衰えていた、とします。衰えが止まらなければ、最終的に視力の補強をするため、メガネやコンタクトレンズなどの使用が、眼科医から勧められるのではないでしょうか。

これがもうひとつの方法です。**肉体や精神の能力が低下したら、それを補う器具を使ったり、装着したりすればいい**のではないでしょうか。人間と器具・機械とのこうした統合を、ここでは「サイボーグ化」と呼んでいきます。

サイボーグなどと言うと、アニメの世界のように思われるかもしれませんが、実は今、こうした**人間のサイボーグ化が進んでいる**のです。

「サイボーグ」(cyborg)というのは、「サイバネティック・オーガニズム」(Cybernetic Organism)の略称で、生命体(Organism)と自動制御された機械(Cybernetic)を組み合わせた言葉です。

具体的な技術として、近年パワード・スーツやブレイン・マシーン・インターフェイス（BMI）などがしばしば言及されます。私はさらにスマートフォンやロボット・カー（自動運転車）も含めて考えています。今後は、この方面の技術が進化して、私たちの老後の生活にますます不可欠のものになるはずです。

そのなかで、社会的に期待されているのが自動運転車です。今のところ日本では、まだ「完全自動運転車」、つまりドライバーのいないクルマは実用化されていませんが、アメリカでは一部のところで走っています。

最近は、老人が運転するクルマの事故が多くなっているということで、高齢者にクルマの運転をさせないような風潮が広がりつつあります。たしかに高齢になると、体力や判断力などが衰えることは事実です。しかし、その程度については個人差があります。また、**統計的に見ても、高齢者だけがクルマの事故を起こすわけではありませんし、事故率も突出して高いわけではありません。**

それなのに、マスメディアやネットでは、「クルマの事故＝高齢者の運転」といった結びつけが強く、「高齢者の運転を禁止しよう！」といったキャンペーンの色合いが強いように思えます。その際に、高齢者の移動手段をどうするかが、考えられているのでしょうか。バスや電車といった公共交通機関では、クルマと同じような便利さはありません。タクシーを使うにも、限度があります。

クルマを運転していたときのように、個々人の都合に合わせて使えるようにするには、どうすればいいのでしょうか。高齢者の運転禁止を主張するのであれば、その代替手段の問題を抜きには論じられません。

そこで、救世主になりそうなのが「完全自動運転車」です。高齢者が車を運転しなくても、今までと同じような生活ができる――これを充たすのは、完全自動運転車以外にはなさそうです。

あらためて注意するまでもありませんが、自動運転車はコンピュータ制御された情報機器ですし、通信ネットワークと結びついて動いています。その点において、自動運転車はコンピュータ制御されたロボットと同じなので、「ロボットカー」とも呼ばれます。つまり、**ロボットと高齢者が協働して生活する**わけです。そのように見ると、こうしたロボットカーを使うのは、人間のサイボーグ化の一環と言うことができます。

だとすれば、免許証を返納すべきだと日頃批判されている高齢者たちは、実は時代の最先端を突き進むパイオニアとなる可能性を秘めているのではないでしょうか。自動運転車＝ロボットカーの主役になるのは、運転できなくなった高齢者や子どもたちなのですから。

AIに恋する時代がやって来る？

とは言え、コンピュータやロボットは、やはり高齢者には無縁の世界と思われているのが現状だと言わざるを得ません。たとえば、「高齢になったとき、介護してもらうには、人間とロボットのどちらがいいか？」というような質問に対し、たいてい「人間がいい」という答えが返ってくるようです。しかし、私の経験では、この答えは疑わしい、と感じています。

たとえば、施設や病院ではなく、家庭で過ごしている老人を考えてみましょう。この人に介護が必要になったとき、家族が担当するようになりますが、その負担は大変なものです。**「老々介護」や「ヤングケアラー」という言葉もあるように、今や子どもや老人までもが、介護する立場に立つ**わけです。

このとき、介護される側の立場に立っても、気楽なものではありません。介護されるたびに、「ごめんね」とか「すみません」と言うかどうかは別にして、自分が生きていることに対する申し訳なさのようなものが、感じられてしまうでしょう。

つまり、**一方には負担を強い、他方には負い目を感じさせるということが、現在の老人の介護につきまとう問題**なのです。介護施設においては、これが仕事になっていますから、ある程度ドライにできますが、双方に身体的・精神的負担をかけることに変わりはありません。逆に、お互いが他人同士であるので、ちょっとしたことの積み重ねで気持ちのわだかまりが強まることもあるでしょう。

こうした点を考えると、完全な介護ロボットが開発されて、今まで人間が担当してきたような介護作業を、ロボットができるようになったら、どんなにいいだろうかと私は考えています。そのうえで、「人間に介護してもらいたいか、それともロボットに介護してもらいたいか」と質問されたら、私なら躊躇（ちゅうちょ）することなく「ロボットがいい！」と答えます。

おそらく、こうした完全な介護ロボットが開発されるのは、完全自動運転車よりもあとのことだと思いますが、介護ロボットの必要性は自動運転車以上ではないでしょうか。これが実用化されれば、老老介護やヤングケアラーといった問題も、なくなってしまうのですから、喫緊（きっきん）の課題といっても過言ではありません。

一方で、高齢者の生活は最早、リアルな世界だけとは限りません。若い人々はオンラインゲームやメタバースなどを楽しんでいますが、この流れは高齢者にも広がってくるのではないでしょうか。あるいは、現在の若者世代もあと数十年すると高齢者になるわけですから、彼らが高齢者になったときは、バーチャル空間で遊ぶことは常識になっているでしょう。

だとすれば、**これから高齢期を迎える人にとっては、リアルの世界で生きるだけでなく、バーチャルの世界でどれほどの楽しみを経験できるかが、重要になる**でしょう。

そこで、最後に「AIとの恋愛」について見ておきましょう。人びとが高齢期を迎えるとき、周りの環境がほとんどデジタル化される、と述べました。そのひとつの帰結として、AIやロボットとの共生を考えました。そのとき、どんな関係ができるのでしょうか。一例として、スパイク・ジョーンズ監督の映画『her 世界でひとつの彼女』（2013）を取り上げておきます。

この映画では、人工知能は「OS」という名称で登場し、人間的な外観をほとんどもっていません。主人公の人間は、手紙代筆業の「セオドア」という男で、OSは女性の「サマンサ」と名乗っていますが、ふたりはイヤホンを通した音声言語によってコミュニケーションし合うだけです。音声言語自体は人間的なものですが、視覚的には人間的な要素を含んでいません。

サマンサはコンピュータのＯＳ（ウィンドウズに代表されるオペレーティングシステム）なので、セオドアの行動や考えを十分に理解し、適切なアドバイスを与えていきます。やがて、セオドアとサマンサは恋愛関係になる、という設定なのですが、不思議なことに、現代ではそれほど荒唐無稽な物語には見えないのです。

実際のところ、人工知能が人間とさまざまな場面で適切にコミュニケーションでき、しかもＯＳのように、相手の行動や考えをすっかり把握できるようになったら、人工知能との恋だけでなく、結婚だって夢ではなくなるかもしれません。生身の人間同士よりも、人工知能のほうが「自分のことをよく理解してくれる」と感じる日が、やがてやってくるかもしれないのです。

そのとき問題になるのは、**人工知能のほうは、たったひとりの人間とだけ恋愛するとは限らない**ことです。ネタバレとなってしまい恐縮ですが、実際、映画のなかでサマンサは「６４１人と恋愛関係にある」とセオドアに告げています（こうして、ふたりの関係は終わることになりました)。

しかしながら、これはセオドア(人間)が「彼女」(人工知能)をひとつ(ひとり)だけに限定しようとしたのが間違いだったのかもしれません。最初から、複数の「彼女」と恋愛すれば、もっと幸福になれたのではないでしょうか。

これから高齢期を迎える人びとは、AIとのかかわりは必然的に出てきます。そのとき、間違っても、「ただひとり」の彼女、彼氏をつくらないのが重要となるのでしょう。AIとのつき合いは、「広く浅く」が基本となるかもしれません。

エピローグ

老人は若者の未来である！

main characters

Narita Yusuke

Okamoto Yuichiro

はっきり言えるのは、現在の老人がどのようにあるかを見ていれば、若い人たちの未来の姿が透けて見えてくるということです

――岡本裕一朗

本書は、現代における「老いの生き方」を探るために、プロローグとしてイェール大学の成田悠輔氏がネット番組で発言した「高齢者は集団自決せよ」から出発しました。そのときも確認しましたが、この発言自体は切り取られたものであり、意図としては「パワー老人」に対する批判として理解できます。

しかし、同時に確認したのは、問題は「老人VS若者」ではないこと、むしろ老人の分類が必要であるということでした。そこで本書の最後に、「若者」の分類をしてみることにしましょう。

というのも、「パワー老人」を批判したのは、若者全体というよりも若者の一部の層と考えられるからです。

現代社会にあふれる「使い捨て若者」

プロローグで老人を分類したので、ここでは同じ指標に従って若者を分類することにしましょう。すなわち、権力と仕事という指標です。それぞれ、「アリ」と「ナシ」で分けると、次の図のような4つの分類ができます。

名称については、適切かどうかわかりませんが、老人と同じ構図が浮かび上がってきます。このように分類すると、**成田氏の「老害」発言は、「パワー老人」（長老）に対する「エリート若者」の批判と考えることができるでしょう。**

知力も能力もないのに、ただ「権力」だけで組織を動かしている「老害＝パワー老人」に対して、「エリート若者」からの造反劇とも見ることが可能なのです。

その一方で、この表で気になるのは、右下に属する「使い捨て若者」です。実を言えば、予備軍も含めると、この層が社会でいちばん多いのではないでしょうか。エリートやセレ

若者の新たな4分類

	仕事アリ	仕事ナシ
権力アリ	エリート若者	セレブ若者
権力ナシ	キャリアアップ若者	使い捨て若者

ブはごく限られていますし、誰でもキャリアアップできるわけではありませんから。

では、プロローグで老人を分類した図と、ここで描いた若者の図がピッタリと対応しているということは、いったい何を意味しているのでしょうか。

ひとことで言うならば、**現在の老人は未来の若者を表現している**ということです。しかも、この対応は、「人生100年時代」になると、いっそう明確になるはずです。だとすれば、「老人叩き」をしているヒマなどないはずです。

誤解のないようにつけ加えておきますが、現在の若い人の状況と老人のそれが同じである、といっているわけではありません。また、分類されたそれぞれのものが、相互に対応するというわけでもありません。

この表のポイントは、社会のなかで、若い人にしても、老人にしても、大きな分断があることが浮かび上がってくるところです。しかも、そうした分断を生み出すもの（＝権力や経済力の差異）は、若い人にも老人にも共通しています。

だとすれば、考えるべきは、「若者か、老人か」というように対立することでもなければ、若者のなか、あるいは老人のなかでの対立にもとづいて、叩きやすいところを叩くことでもありません。

終わりなき「老人叩き」より、はるかに大事なこと

はっきり言えるのは、**現在の老人がどのようにあるかを見ていれば、若い人たちの未来の姿が透けて見えてくる**ということです。すでに何度か述べましたが、パワー老人たちは目立つ存在なので、その姿が老人一般だと誤解する人もいることでしょう。

しかし、老人の大半は、「廃品老人」に分類され、「老後破産」を迎える人も少なくないのです。「年金」で悠々自適に暮らしている老人など、少なくとも私は知りません。「年金」があるだけましではないか、と若い人に言われそうですが、その額をほとんどご存じないような気がします。そして、こうした窮状は、「人生100年時代」になるといっそう激しくなります。

とすれば、ともかく来たるべき時代を見すえて、できるだけ早くそれに対応した社会的組織や制度をつくり直さなくてはならないのではないでしょうか。

しかし、はたしてどれほどこの点が理解されているのか、心もとない次第です。ポスト

近代に向けた新しい働き方、新たな生活スタイルを、できるだけ早急に構築しなくてはならないのです。

とすれば、今、緊急に必要となるのは、集団自決や切腹を老人に迫ることではありません。これは、老人に「死」を求めることですが、これでは解決にはならないのです。

ご存じだと思いますが、外部の人々に死を求めると、やがては内部の人にも死を求めることになります。

「『廃品』としての老人なんて社会的にお荷物だから、早く厄介払いしてしまえ!」

こう言うと、若い人たちから喝采が起こるかもしれません。しかし、厄介払いされるのは、老人たちだけではありません。まさにブーメランとなり、「『使い捨て若者』なんて厄介者だから、厄介払いしよう!」となるかもしれないのです。

こうした「厄介者叩き」が、どこかで終わる保証はありません。そんなことより、むしろ「生」を求めていくほうが、よっぽど楽しいと思います。

「ともに生きることを楽しむこと」、つまり「コンヴィヴィアリティ」を構築していくことのほうが、はるかに魅力的だと思いませんか。私たちは、楽しむためにこそ、生きているのですから。

老いも若きも、いかにしてコンヴィヴィアルな生き方ができるか、これがこれからの時代の皆さんのテーマとなるのです。

「老い」の歴史について

▶シモーヌ・ド・ボーヴォワール『老い』上・下（朝吹三吉訳　人文書院　2013）
▶ジョルジュ・ミノワ『老いの歴史—古代からルネサンスまで』（大野朗子・菅原恵美子訳　筑摩書房　1996）
▶パット・セイン『老人の歴史』（木下康仁訳　東洋書林　2009）

古代ギリシア・ローマ時代

▶プラトン『パイドン—魂について』（納富信留訳　光文社古典新訳文庫　2019）
▶プラトン『国家』上・下（藤沢令夫訳　岩波文庫　1979）
▶プラトン『法律』上・下（森進一・池田美恵・加来彰俊訳　岩波文庫　1993）
▶アリストテレス『形而上学』上・下（出隆訳　岩波文庫　1959）
▶アリストテレス『ニコマコス倫理学』上・下（高田三郎訳　岩波文庫　1971）
▶アリストテレス『弁論術』（戸塚七郎訳　岩波文庫　1992）
▶アリストテレス『政治学』（牛田徳子訳　京都大学学術出版会　2001）
▶キケロ『老年の豊かさについて』（八木誠一・八木綾子訳　法蔵館文庫　2019）
▶セネカ『セネカ哲学全集』5,6巻（大芝芳弘訳　岩波書店　2006）
▶ディオゲネス・ラエルティオス『ギリシア哲学者列伝』上・中・下（加来彰俊訳　岩波文庫　1984）

近代の哲学者たち

▶モンテーニュ『エセー』1〜7（宮下志朗訳　白水社　2005）
▶パスカル『パンセ』（前田陽一・由木康訳　中公文庫　1973）
▶ショーペンハウアー『幸福について—人生論』（橋本文夫訳　新潮文庫　1958）
▶ショーペンハウアー『意志と表象としての世界』1,2,3（西尾幹二訳　中公クラシックス　2004）
▶ニーチェ『ツァラトゥストラかく語りき』（佐々木中訳　河出文庫　2015）
▶ニーチェ『悲劇の誕生』（塩屋竹男訳　ちくま学芸文庫　1993）
▶ニーチェ『この人を見よ』（手塚富雄訳　岩波文庫　1969）
▶キルケゴール『死にいたる病』（桝田啓三郎訳　中公クラシックス　2003）

現代の哲学者たち

▶マンハイム『保守主義的思考』（森博訳　ちくま学芸文庫　1997）
▶ハイデガー『言葉についての対話』（高田珠樹訳　平凡社ライブラリー　2000年）
▶九鬼周造『「いき」の構造』（講談社学術文庫　2003）
▶サルトル『実存主義とは何か』（伊吹武彦訳　人文書院　1955）
▶サルトル×レヴィ『いまこそ、希望を』（海老坂武訳　光文社古典新訳文庫　2019）
▶フーコー『フーコー・コレクション』7巻セット（小林康夫・石田英敬・松浦寿輝編　ちくま学芸文庫　2006）
▶フーコー『知の考古学』（慎改康之訳　河出文庫　2012）
▶フーコー『監獄の誕生—監視と処罰』（田村俶訳　新潮社　2020）
▶フーコー『性の歴史2—快楽の活用』（田村俶訳　新潮社　1986）
▶ドゥルーズ『記号と事件：1972-1990年の対話』（宮林寛訳　河出文庫　2010）
▶ドゥルーズ、ガタリ『千のプラトー』上・中・下（宇野邦一他訳　河出文庫　2010）
▶イリイチ『脱学校の社会』（東洋・小澤周三訳　東京創元社　1977）
▶イリイチ『コンヴィヴィアリティのための道具』（渡辺京二・渡辺梨佐訳　ちくま学芸文庫　2015）
▶バウマン『リキッド・モダニティ—液状化する社会』（森田典正訳　大月書店　2001）
▶バウマン『新しい貧困』（伊藤茂訳　青土社　2008）
▶マルクーゼ『ユートピアの終焉』（清水多吉訳　中公クラシックス　2016）
▶スローターダイク『シニカル理性批判』（高田珠樹訳　ミネルヴァ書房　1996）

現代の「老い」にかかわる文献

▶リンダ・グラットン他『LIFE SHIFT—100年時代の人生戦略』（池村千秋訳　東洋経済新報社　2016）
▶NHKスペシャル取材班『老後破産—長寿という悪夢』（新潮文庫　2018）
▶レイ・カーツワイル『ポスト・ヒューマン誕生』（井上健他訳　NHK出版　2007）
▶ミチオ・カク『2100年の科学ライフ』（斎藤隆央訳　NHK出版　2012）
▶ジョン・ハリス『能力増強的進化—人間改良の倫理的根拠』（未邦訳　Princeton University Press　2010）

＜著者略歴＞

岡本 裕一朗（おかもと・ゆういちろう）

哲学者、玉川大学名誉教授。

1954 年福岡県生まれ。九州大学大学院文学研究科哲学・倫理学専攻修了。博士（文学）。九州大学助手、玉川大学文学部教授を経て、2019 年より現職。西洋の近現代哲学を専門としつつ、哲学とテクノロジーの領域横断的な研究も行う。

ベストセラーとなった『いま世界の哲学者が考えていること』（ダイヤモンド社、＜文庫版＞朝日新聞出版）をはじめ、『「こころ」がわかる哲学』（日経ビジネス人文庫）、『哲学 100 の基本』（東洋経済新報社）、『教養として学んでおきたい現代哲学者 10』（マイナビ新書）、『哲学の名著 50 冊が 1 冊でざっと学べる』（KADOKAWA）など著書多数。

世界の哲学者が悩んできた「老い」の正解

2023年12月1日　　　第1刷発行

著　者　岡本 裕一朗

発行者　唐津 隆

発行所　株式会社ビジネス社

〒162-0805　東京都新宿区矢来町114番地 神楽坂高橋ビル5F

電話　03(5227)1602　FAX　03(5227)1603

https://www.business-sha.co.jp

〈編集協力〉草野伸生

〈装幀〉尾形忍（Sparrow Design）

〈本文デザイン・組版〉茂呂田剛（M&K）

〈印刷・製本〉株式会社 ディグ

〈営業担当〉山口健志

〈編集担当〉大森勇輝

ISBN978-4-8284-2551-1